近代日本の知識人と中国哲学

日本の近代化における中国哲学の影響

徐水生（武漢大学教授）著

阿川修三・佐藤一樹 訳

東方書店

日本語版序

この度、東方書店より拙著の日本語訳が出版されるのは、私にとって大きな喜びであるが、それとともに、不安がないでもない。「身の程知らず」の著作ではないかとも感じるからだ。

本書が書かれた経緯について触れておきたい。八十年代以来、経済の急速な発展と社会の変容にともない、中国の学界では、「伝統文化と近代化」の問題をめぐって、人文科学、社会科学、自然科学などの分野を超えた、多くの人々を巻き込んだ未曾有の議論が沸騰した。人々の間で期せずして一致していたのは、中国文化の特色を保持した近代化の途をなんとか見出そうということだった。ただ、中国の近代化はなお途上にあり、全体的な総括をするまでになっていなかったため、多くの議論が仮定や予測に基づいたもので、実証的なものはまれだった。

「他山の石、以て玉を攻《おさ》むべし」というが、日本が東洋でもっとも早く近代化し、しかも、その近代化が欧米のものと異なっているのは、近代化の過程で伝統文化を放棄することなく保持し続けたことに負うところが大きい。それ故、この問題に関する実証研究は、中国研究者の「伝統文化と近代化」についての一層踏み込んだ探求に役立つだろう。このような見通しのもと、私は日本における一年間の研究の機会を利用して、日本の学者のさまざまな研究成果も参照しつつ、西周、中江兆民、西田幾多郎、渋沢栄一、夏目漱石、湯川秀樹といったエリート知識人の著作を読み進め、検討を加えて、帰国後、博士学位論文に仕上げたのだった。

論文の一部は、『中国社会科学』『哲学研究』『孔子研究』『日本学刊』『中日関係史研究』など、中国の学術雑誌に掲載し、多くの人々から貴重な意見や質問を頂いたが、論文全体は一九九三年、台湾の文津出版社から「大陸地区博士論文叢刊」の一冊として刊行された。一九九六年に、周一良先生、中西進先生共編の『中日文化交流史叢書』思想篇、および『中国哲学年鑑』で、詳しい紹介がなされている。

拙著が日本で出版されるにあたり、まず、東方書店と文津出版社の協力に感謝したい。中日間の文化・研究交流への惜しみない賛助に敬服させられる。次に、翻訳の労をとっていただいた、文教大学の阿川修三先生と二松学舎大学の佐藤一樹先生にお礼を申し上げる。研究や教育の合間をぬって翻訳作業を進めるのは、引き受けがたい「難事」であったに違いない。最後に、同志社大学と同志社大学図書館にお世話になったことも記さねばならない。豊富な所蔵資料の閲覧の便宜をはかって頂かなければ、この書物は完成できなかったろう。

いうまでもなく、幅広く多様な近代日本の文化にひきかえ、私の能力にも蒐集した資料にも限界があり、文中の錯誤は避けられない。日本の研究者、読者の教示を得て、今後機会があったら補訂していきたい。

二〇〇八年五月

徐 水 生

〈訳者付記〉

書中の引用文献については、原則として原典に拠っているが、読者の便宜を考え、著者が口語訳の文献を引用している場合は、それに基づいた。また、引用文は、書き下し文を含め、すべて現代仮名遣いに改めてある。また、（　）は著者による補足、補注、［　］は訳者による補足、補注である。

章末の注は、ほぼ著者注であるが、訳者が加えたものもある。著者は、日本の思想家の著作のうち、西田幾多郎『善的研究』、湯川秀樹『直覚与創造力』（英文論文集 *Creativity and Intuition* の中国語版）等は中国語の訳本を使っているが、翻訳にあたっては原著の該当箇所に拠った。

近代日本の知識人と中国哲学◆目次

序章　日本近代文化の息吹

一、日本における中国哲学の蓄積

新たな文化が生まれるには必ず伝統が基盤となる。中国哲学は長い歴史の間に日本の伝統文化の重要な構成要素にもなった。中国文化の流入とともに、その思想的背景である中国哲学も早くから日本に伝わっていた。日本の最古の文献である『古事記』の「応神天皇」の条に次のような記載がある。「百済国に、〝若《も》し賢しき人有らば貢上《たてまつ》れ〟と科《おお》せ賜いき。故、命《みこと》を受けて貢上《たてまつ》れる人、名は和邇吉師《わにきし》、即ち論語十巻、千字文一巻、併せて十一巻を是の人に付けて即ち貢進《たてまつ》りき」(二)。『日本書紀』ではこの和邇吉師を「百済博士王仁」と記し、応神天皇一六年、すなわち西暦二八五年のこととする。『論語』は儒教の経典であり、中国の哲学が、仏教よりも三百年近くも早く、三世紀には日本に入り始めていたことになる（仏教が日本に正式に伝播したのは六世紀中葉とされている）。

日本において長い伝統をもつ中国哲学がもっとも発展したのは、江戸時代（一六〇三～

一八六七）だったが、それはおもに統治者の政治的必要性によるものだった。かって隆盛を誇った仏教は、僧侶たちが腐敗し、出家の思想も時代にそぐわなくなったため、もはや封建統治を護持するものでなかった。統治者は儒教と仏教を比較し、儒家の道徳や教訓を仏教の信仰にとって代えたのだった。「予常に儒生の経書を講ずるを聞き、天下の主為らんと欲する者は、四書の学に通ぜざるべからずを深く知る。即え全通すること能わずも、亦当に孟子一書は熟玩すべし」[三]との言葉を残した江戸幕府の創設者徳川家康は、朱子学を官学に定め、『論語』『周易』などの経書を大量に刊行し、儒者を重用するなど、あらゆる方途により儒教を奨励したが、その下に立つ各地域、各レベルの統治者たちも儒教を重んじ、儒教の地位は大いに高まった。儒教は日本の政治、経済、文化、教育と一体となり、社会に広く浸透していったのである。

たとえば教育についてみるならば、中央、地方、あるいは官学、私学を問わず、また高等教育、初等教育、女子教育、幼児教育の別なく、さらには社会教育までも、教育とは儒教を教えることだった。幕府の最高学府である昌平坂学問所は、「儒学のみを教授する」ことが主眼であり、一七九二年の幕臣の子弟への試験では、八歳から十歳までは「小学」［文字の学］と『四書』を、十一歳から十五歳までには『四書』『五経』を課した。これらの書とその注疏はもちろんすべて儒家の思想に他ならない。幕府が提唱したことにより、各藩もぞくぞくと儒教振興に取り組み、また、各地の学者が自らおこした書院や私塾、中江藤樹の書院、吉田松陰の松下村塾、三宅石庵の懐徳堂、伊藤仁斎の古義堂などもそれに続き、伊藤仁斎などは自ら『論語』『孟子』『大学』『中庸』『周易』『近思録』を教えることを常としていた。さらに幕末には公家の子弟のためにも学習院が設立され、『四書』などが講授された。

ここで注目すべきは、中国の伝統哲学が移入、学習されただけでなく、江戸時代には、朱子学派、古学派、陽明学派など日本独自の儒学の学派が形成されたことである。朱子学派の代表的人物藤原惺窩、林羅山のうち、藤原惺窩（一五六一～一六一九）はもと禅僧であり、儒教や老荘思想を学んで、三十歳前後に仏教から転じて日本朱子学派の創始者となった。惺窩の思想は、朱熹の客観唯心的な性理学を全面的に踏まえたもので、理を根本に据え、人間も万物も理に基づくとみなした。天道即ち理であり、まだ物に賦与されていないものを天道、物に賦与されたものを理、その理もまた、性のいまだ明らかでないものを性、明らかなものを理とする彼は、さらに朱熹の「理一分殊の説」を解釈して、理は普遍性をもつもので、個々の事物に存在し、万物がみな理に基づいていると考えた。徳川家康、秀忠、家光、家綱の四代の将軍に仕えた、惺窩の弟子林羅山（一五八三～一六五七）も、朱熹哲学の基本的観点を受け継ぎ、万物は理と気によって構成されているとし、とりわけ、理を根元的原理とみなした。人や社会について、彼は、理が先天的、内在的な「本然の性」だけでなく、社会関係の基盤としての「五倫」［父子、君臣、夫婦、長幼、朋友の倫理］の規範でもあるとし、儒教の中から封建社会の階級・身分制度に符合する倫理思想を引き出し、官学としての地位を固めたのだった。とはいえ、藤原惺窩、林羅山らの日本朱子学派は、いささかの解釈や考究を成し遂げたものの、総じてその観点は彼らが基盤とした程朱の理学の枠を越えるものではなかったといえよう。

十七、十八世紀にはいると、封建的生産関係の解体が始まり、徳川幕藩体制が政治的、経済的に揺らぎ始めた。幕藩体制の精神的支柱だった朱子学が分化し、朱子学派に異議を唱える古学派と陽明学派が登場したことは、そのイデオロギー面での反映である。古学派としては伊藤仁斎（一六二七～一七〇五）、荻生徂徠（一六六六～一七二八）が挙げられる。若い頃程朱の学を奉じていた伊藤仁斎は、「年、三十七、八歳にして」、宋儒の理気説が孔孟の教えから乖離しているのではないかと疑義を抱くようになった。朱子学を捨てた彼は、儒教教典の古義を復元すべしと主張し、『論語』『孟子』の二書を重視していわゆる「聖学」を樹立した。終生官職に就くことなく、京都の堀川に私塾「古義堂」を開き、多年にわたり数多くの儒学者を育て、古義派を形成したのだった。「天地の間は一元気のみ」とする彼の考えは、気は一種の物質であり、陰と陽とに分かれて、永遠に止まることのない盛衰、消長、往復などの運動や変化によって、万物を生み、全宇宙を構成するというものであり、その結果、理は気に先立つ根元的なものとする朱熹の見方を批判することとなった。その思想は先秦儒家および明の呉廷翰［生没年不詳、朱子学の批判者］の影響を受けている。

荻生徂徠もまた青年期には朱子学を学んだが、五十歳を過ぎて、明の李攀龍［一五一四～七〇『唐詩選』の編者に擬せられた］、王世貞［一五二九～九三、明後期、復古派の文人］の古文辞研究の影響から、宋学を批判し日本での古文辞学の創始者となった。その思想の中核は「道」についての見解だった。孔子の「道」とは「先王の道」であるとともに、天下を安んずる「道」でもあり、また、「先王の道」を体現するのは礼、楽、刑、政といった「物」に他ならないというのである。さらに彼は、天下を安んずるには為政者自身の修養が肝要で、天下を安んぜんと修養にはげむ心が「仁」であるとした。「先王の道」を会得するには六経をしっかり研鑽するほかないが、六経の精確な理解には漢語の古文辞に通暁していなければならない。先秦の古典を思想の基本に、先王、周公、孔子を崇め、古代儒学のみが真義を有し、それ以降のものは偽説にすぎないとした彼の学派は、復古を名目に朱子学万能の状況を打開しようとしたのだった。

陽明学を代表する学者には中江藤樹（一六〇八〜一六四八）、大塩中斎（一七九三〜一八三七）がいる。早くに禅僧について『論語』を学び朱子学を信奉した中江藤樹は、三十七歳の時『陽明全書』を読んで陽明学に転じ、日本の陽明学派の創始者となった。彼は『大学』の思想の根幹を、明徳を明らかにすることであるとした。明徳は心の中にありながらも、太虚を貫通し天地万物を包含する、中庸は明徳の別名である、道とは良知であり、また天性、天道、天教とも呼ばれる、明徳は万物一体の本体である、明徳を明らかにするには、ひたすら良知を鏡としてひとり修養するのである。内省を重んじ道徳的修養を強調した中江藤樹は、陽明学によって日本に新風を吹き込み、以後の陽明学の発展に多大な影響を与えた。

一方、大塩中斎も当初は朱子学を学んだが、明の呂坤が著した『呻吟語』を読んで陽明学に関心を抱き、『大学』や王陽明の『伝習録』から致良知説を受け入れて陽明学者となった。しかし、一八三七年の大飢饉の際、大阪市中の貧民や近郊の農民を率いて反乱を起こし、事に破れ自殺する。心の本体と太虚と空間とが三位一体となった主観唯心論に依る大塩は、理気合一説を提唱し、心の外には理も事もない、明徳の根本は心の中にあるとした。つまり、気が先天的なものである理の内にあると同時に、理はまた後天的なものである気の内にあり、理と気は一にして二、二にして一なのである。大塩によれば、心の本体は天であるが、青々した大空から竹中の天、方寸の天に至るまで、天は太虚である。空間や太虚という概念は、大塩によってこのように形而上のものにされたのだった。日本の陽明学者たちは、もっぱら中国の陽明学左派、いわゆる泰州学派［江蘇省泰州の王艮を始祖とする陽明学の一派］の影響を受けたが、彼らの思想は市民階級の中の異端思想ともいうもので、理論枠組みは主観唯心的であるにしても、個性の解放の主張が包含されていた。そのため幕末に都市の人々が立ち上がる理論的根拠を提供するという社会的役割を果たすことになった。

朱子学、古学、陽明学は哲学的主張も方向性もそれぞれ異なるが、大まかにいえば、いずれも中国の儒学、とりわけ先秦儒学と宋明理学を超えるものではない。それでもこれら三学派が出現したことにより、日本において儒学はいっそう広まることになった。歴史家井上清がいうように、医学を修めるのさえ、まず儒学を学ばねばならなかったように、江戸時代の学問と言えばもっぱら儒教であり、どんな学者も多かれ少なかれ儒教の影響を受けていた。「その意味において、儒教的伝統が近世的世界観の中核にあったと言いうる」との指摘も、ある学者によってなされてい

る。〔三〕

中国儒学が日本で長年にわたり発達してきたとするなら、そこに独自の特色は生まれただろうか。中国哲学史家武内義雄（一八八六〜一九六六）の見解を紹介しておこう。「我が国は二千年来支那の文化を摂取して、儒教の影響を受けている。しかし我らの祖先はこれを鵜呑みにしたのではなく、いつもこれを批判し取捨して、我が国独特の発達をとげて来た。まず五経中心の儒学（つまり唐代以前の儒学—引用者注）を受け入れた時代においては、春秋の三伝から公羊と穀梁とを排斥して左伝一つに定めたことによって、彼らの儒教に包含されていた革命思想を除去して我が国体に一致せしめた。次に新儒教においても、支那では朱子学と陽明学——あるいは程朱学と陸王学——とは絶えず相争うて反目していたが、それが我が国に入るに及んで、双方ともに日本化して結局は同じ精神に帰一せられた。そうして忠孝一本至誠本位の国民道徳を発揚した。忠孝一本の思想は主として朱子学の中から展開せられ、至誠の道は主として陽明学から発展したが、結局忠孝の二つを誠の一道に帰することによって忠孝が一本とされると同時に、誠の道が具体的な内容をもつことになったのであって、ここに日本儒教の特色が存する。もし日本と支那との道徳思想を比較するならば、日本も支那も家族制度を背景とする道徳で五倫を力説している点において全然一致する。しかし支那の五倫は家族本位で孝が重んぜられるに対し、日本の五倫は国家主義で忠孝の一致が提唱せられ、孝より忠が上に立っている点において異なっている。そうして、この区別は双方の国がらの相違に本づくものである」〔四〕。ここに明らかなように、日本の学者は日本の国体や国情を斟酌しつつ、新たな見方をつけ加えて儒学を発展させてきた。中国の儒学は日本での長い年月のうちに独自の色合いを持つようになったのである。さらに、日本文化と融合することによって、儒学はさまざまな局面で日本文化の発達にも寄与している。しかし、日本儒学は中国儒学と大きく異なり、社会での役割も違うとしても、その成熟した形態である江戸時代の儒学をみれば、基本精神においても、思考様式においても、また価値観においても、やはり中国儒学と一致しているといえよう。

儒学や仏教とともに、道家哲学もある程度日本に定着した。七世紀の始めに聖徳太子が制定した十七条憲法の第十条には、「彼是なれば則ち我は非、我是なれば則ち彼は非なり……是非の理詎《た》れか能く定めざる、相共に賢愚なること環の端無きが如し」〔原漢文〕とあるが、これは明らかに『荘子』斉物論篇の影響を受けたものである。また、十七、八世紀に活躍した徂徠学派が施した老荘思想の注釈に限っても、『老子特解』『荘子瑣説』など二六種にも及び、道家哲学の日本への浸透が窺われる。(五)「国学」の開拓者賀茂真淵（一六九七～一七六九）は、『老荘口義愚解』などの著作があり、老荘思想によって国学を論述している。あるいはまた、『田舎荘子』三冊と付録一冊が一七二七年に江戸の松寿堂から出版された。上巻に「雀蝶変化」「木兎自得」など六編、中巻に「菜瓜の魂」「蝉蛻至楽」など五編の故事、下巻に「荘子大意」など三編の文章を収めるこの書物は、荘子の哲学を広範に普及させる一般向けの解説書だった。さらに、十八世紀の独創的な唯物主義的哲学者安藤昌益（一七〇三～一七六二）の代表作『自然真営道』の観点も、荘子の自

然に対する思想や相対的な考え方と深く結びついている。[六]

これまで述べたほかに、兵家、法家、陰陽家などの哲学も日本に取り入れられているが、このことについては日本の学者がしばしば言及しているので、ここでは触れない。

明治時代以降も、引き続き中国哲学は日本に影響を与え続けた。当時漢学の大家のひとりと目された三島毅博士は、一八七七年十月、「東洋固有の道徳、文学を維持、発展する」ことを目的として、二年修了の高等科、一年半の課程の普通科をもつ二松学舎を東京で設立した。中国伝統文化の継承、発展を旨とするこの学校は、別表に掲げた高等科のカリキュラムからわかるように、先秦の儒家、道家、兵家、法家などの諸思想、それに広い意味での宋明理学を学習内容としていた。実業家の渋沢栄一が舎長として就任し、夏目漱石が学んだ二松学舎は、日本の近代思想史に深い影響を与えたのだった。[七]

二松学舎高等科課程

第一学年	第二学年
論語　大学　中庸　孟子　左伝　史記　孫子 呉子　韓非子　唐詩選　唐八家文読本　題跋 序記　絶句　律詩　中国文学史　中国時文	礼記　書経　詩経　易経　老子　荘子　荀子 近思録　伝習録　序記　題跋　論説　絶句 律詩　古詩　唐詩選　唐八家文読本 中国文学史　中国時文

日本の学者が受容してきた中国哲学は、日本民族の心理構造の中に蓄積され、人々の観念、行動、習慣、信仰、あるいは思考様式や心情のレベルまで浸透していった。「明治の日本人にとって、儒教ないし漢学の素養は血肉化した常識である(八)」といわれるように、中国哲学は明治時代には日本の伝統文化にとって不可欠な構成要素だったのである。ただ、この「血肉化した常識」である中国哲学が日本の近代文化の発展にどのような役割を果たしたかについては、現在の学界の見方は分かれている。ひとつは、西欧文化の強烈な衝撃と福沢諭吉をはじめとする啓蒙思想家たちの容赦ない批判により、儒学（中国哲学の代名詞だった）は近代日本においてその意義と生命力を失ったとする見解である。「従来の研究は、近代日本哲学と仏教の関係には注意したが、儒教との関係についてはほとんど取り上げていない(九)」という奇妙な現象があるのは、少なからぬ学者がこの見解を支持してきたからだ。彼らは複雑な文化現象を単純に捉えすぎてしまった。いまひとつの見方は次のようなものである。「明治以降、それまでの〝漢才〟は〝和魂〟に包含されることになった。かつての〝和魂漢才〟が新たな〝和魂〟に再生したのであり、そこには神道や国学ばかりではなく、儒学や仏教の要素が当然混在していた。そして忠孝倫理を基本とする新しい〝和魂〟は、天皇崇拝を根幹とする封建家父長制の国家主義思想となってゆくのである(一〇)」。この見解によれば、近代日本での儒学はまったく捨て去られたわけではなく、その役割は保守的、否定的ではあるものの、新「和魂」の中に生き続けていたということになる。たしかに納得のゆく考えではあるが、否定的な側面だけが強調され、中国哲学が日本近代史上に果たした有益な役割が見過ごされているといえよう。

「伝統とは、死に絶えたものの歴史叙述ではなく、生成しつづける文化生命である。それは過去だけに属するものではなく、過去に生まれ、現在に流入し（現今の世代の関与を受け）、未来に向かうものである」（一一）とされるが、中国哲学は、近代日本で、捨て去られたわけでも、新たな「和魂」の一部として否定的な役割を果たしただけでもなかった。近代化や東西文化の摩擦、融合の過程で、再発見、再解釈、再評価されることで、近代日本文化の重要な知的資源となると同時に、新文化の発展のための不可欠の要素にもなったのである。

二、近代化の目標と東西文化融合への動き

一八六九年明治政府が成立し、ブルジョア近代民族国家建設のために、「富国強兵、殖産興業、文明開化」の名のもと、西洋をモデルとする資本主義的近代化が推進されることになった。一八七一年十一月二十日、新政府は西洋の政治制度および文明全般の視察のため、アメリカおよび欧州への大型使節団の派遣を決定する。右大臣岩倉具視を特命全権大使、木戸孝允（参議）、大久保利通（大蔵卿）、伊藤博文（工部大輔）、山口尚芳（外務少輔）の四名を特命全権副使とし、政府各省から選抜された理事官、書記官、そして随員など総勢四八名からなる使節団は、一年十ヶ月にわたってアメリカ、イギリス、フランス、ベルギー、オランダ、ドイツ、ロシア、デンマー

ク、スウェーデン、イタリア、オーストリア、スイスの十二カ国を歴訪し、その費用は当時の金額で百万円にも達した（一八七二年の政府の財政収入の二パーセント以上にもなる）。使節団は各国首脳、官僚、そして各層の人々などと幅広く面談し、政府機構、議会、裁判所、企業、取引所、工場、鉱山、港湾、農園、軍隊、要塞、学校、新聞社、福祉施設など多岐にわたって視察をおこない、西洋のさまざまな面についての知識を深めた。まさに、「彼邦数百年来収穫し蓄積し来りたる文明の効果の粲然として目を奪うに遭ては、始めは驚き、次は酔い、終は狂し」たのだった。（一二）衝撃的な体験は思想上の大変動をもたらす。岩倉具視はローマで、「これまで各国の状況を視察したるも、英、米、独、佛の如き強大国はいうに及ばず、二流三流の国々といえども、その文化の隆盛なる、我国の追及し能わざるほどに懸絶し居れば……」との感慨をもらした。（一三）西洋諸国から大きく立ち後れた日本は何としてでも追いつかねばならぬことを視察団は実感したのだった。

岩倉使節団の帰国後、明治政府はさまざまな改革に着手し、政治、軍事面では、武士階級を解体して近代的軍事・警察制度を設け、また、大日本帝国憲法を制定し、立憲天皇制の政体とした。また経済の分野では、地租改正を行い、資本主義的商工業の発展を促進した。そのため、第一段階では官営企業の設立によって国家資本主導による資本主義工業化を推進し、第二段階では政策を転換し、それらの官営企業を廉価で払い下げる「処分」により、民間資本を保護、育成することとした。また、西洋の技術の大規模な導入、外国の専門家、技術者の高額の報酬による招請とともに、国外への留学生の派遣、近代的教育の整備によって科学・技術者の養成にも力を注いだ。

世界の強国に伍すためには、工業、農業、軍事面での近代化だけではなく、社会全体の近代化、つまり文明開化を図らねばならないことも、明治政府は理解していた。そしてそれは西洋の思想や文化を受容することであった。哲学では、一八六二年から二年間にわたりオランダに留学した西周と津田真道が、彼ら自身深い影響をうけたミルの功利主義とコントの実証主義を日本に紹介した。人の本性は幸福を追求することであり、幸福とは快楽を得、苦痛を除くことであるとするミルは、最大幸福を基本概念とする精緻な功利主義の理論体系を築いた。幸福とは利益のひとつであり、各自の幸福は各自の利益である。幸福を求めようとする気持ちは人々を利己的にするが、同時に人々には社会的感情というもう一つ別の強力な欲望がある。社会的感情は個人を人類と一体化させ、他人や社会との良好な関係を保たせる。公共の利益が人々の行動基準であり、人類全体の幸福を推進することが価値となるのだ。ミルによれば、社会的な幸福の増減が善悪のものさしであり、「最大多数の最大幸福」が究極的な道徳価値なのである。一方コントは、彼の実証哲学の根幹に、神学的段階、形而上学的段階、そして実証的段階という、知識の三段階発展説をおいた。科学を特色とする実証的段階では、経験と事実とを重んじ、観察や理性によって知識を得ようとする。現象の関係の探究がもっぱらの関心事であり、もはや宇宙の起源や目的、事物内の本性や本質を探究することはない。中国文化の影響を色濃く受けた日本の伝統的道徳観では、「義」と「利」とはまったく相いれない関係にあった。「義」を重んじ「利」を軽んじる道徳至上主義は、経書に説かれる徳を論じ、観念的に修養を説いて実用を軽視する学問上の傾向を生みだした。ミルの功利主義、コントの実証主義は、ともにこうした日本の学問・道徳観を批判し、武士を含む多くの人々が実業界へと身を転じ、殖産興業へと邁進してゆく過程で、大きな役割を果たしたのである。また、当然のことながら、ミル、コントは西周、津田真道自身の哲学的基盤のひとつでもあった。

一八七一年から七四年にかけてフランスに留学した中江兆民は、十八世紀フランス啓蒙思想から大きな影響を受け、帰国後、ルソーの『社会契約論』を翻訳してフランスの民権思想、および唯物論を紹介した。ルソーによれば、人は生まれながらに自由・平等であり、いかなる人間にも他人を服従させる権利はない。政治的統合は強権によるのではなく、人民の自由意志に基づく社会契約が法と国家の合法的根拠となる。社会状態においては、文明が発展するほど社会の緊張や不平等が激化する。社会契約の成立は貧富の差を確定し、次いで権力機構の出現が強者と弱者とを区分する。さらに暴君による専制が始まると奴隷と主人との関係が生ずることになる。暴力が暴君を支え、あらゆる権利も義務も存在しなくなると、物事のなりゆきとして人民は暴力革命によって暴君を倒し、新たな社会契約、新たな平等を打ち立てる。歴史は段階的に発展し、不平等の深化は否定の否定の円環を完成させることになる。ルソーの社会歴史観には弁証法的思考が豊かに含まれているといえよう。

また、十八世紀フランスの唯物論は、宇宙の構造を、物質の運動のみでなりたっているシステムとみなしていた。物質と運動は不可分の関係にあり、二者のさまざまな結びつきが万物を生成する。物質こそがこの世界の要素であり、たとえ抽象的思惟能力のようなものでも、物質の機能のひとつとして物質に還元できる。無機物から単純な生命体、さらに人類にいたるまで、物質が発達するさまざまな階梯に位置している。自然についての解釈では、どんな超自然的な要因を求めることもなく、具体的な精神的な実体を仮定することも必要ではなかった。ルソーの民権思想は、日本の近代で大きな力を誇った自由民権運動の重要な思想的基盤となった。『社会契約論』(日本訳では『民約訳解』)は幅広く読まれ、翻訳者の中江兆民は「東洋のルソー」として自由民権の急進的理論家と目されたのである。そしてフランス唯物論もまた、「中江主義」哲学の酵母のひとつであった。

一八八四年、東京大学助教授井上哲次郎(一八五五〜一九四四)は、文部省から六年間のドイツ留学に派遣された。一八九〇年に帰国後すると、東京大学教授としてドイツ哲学の紹介、研究に努めた。また、東京大学を卒業し、一八九八年にドイツのイエナ大学、ライプチヒ大学に留学した大西祝(一八六四〜一九〇〇)も、カント、フィヒテ、シェリング、ヘーゲルなどのドイツ哲学の体系的紹介を行った。こうしたドイツ哲学はいずれも唯心主義的なものには違いないが、重要な意義をもっている。たとえばカントの批判哲学は、経験論と理性主義それぞれがもつ偏りの克服、認識の能動性、思惟に生まれる矛盾の必然性、自己と他者との関わりの必要性などの課題に取り組み、ドイツ古典哲学の能動性、弁証法、人本主義思潮の先駆者として、近代西洋哲学に新たな道筋を切り開いた。またフィヒテにおいては、主客双方の不断の相互牽制、相互対立、そしてくり返し生まれる相互矛盾がわれわれの経験世界全体を構成するとされた。彼の「外化」の思想とは、自我は自己の能動性を部分的に外化、あるいは非我に譲渡して非我に一定の能動性を与えるとともに、自ら同等の受動性を生み出すとするものである。彼によれば、自我が非我を限定するのは主体の客体への作用であり、自己の思想に客体を符合させようというのが実践活動である。一方認識活動とは、自我が非我の限定を受けることで、換言すれば客体の表象、概念などに適合させて主体を形成することである。実践と認識とは、自我と非我の不可分の同一性の中に存在し、実践は合理的であり、認識は能動的である。

シェリングはこうした社会発展を意識的理性の実践過程としてとらえ、個人の働きと歴史の規律との弁証法的関係を力説した。社会生活において人々はどのようにふるまい、どのように気ままであろうとも、目に見えない必然性に支配される。こうした必然性は人々を規律ある行動に導きながら、他方、彼らの予測しえない過程、結果をもたらす。むしろ行動が放縦であるほど、結果は予測を越えたものとなるが、シェリングによれば、こうした必然性こそが天意なのである。

ヘーゲルは、対立と統一、質量の互変、否定の否定の三大法則による弁証法思想の壮大な体系を編み出した。事物自身の運動、普遍的連関と相互転化、弁証法に通底する本体論、認識論、論理の統一、あるいは事物の漸進的発展過程における中断、飛躍、質量の交錯線、螺旋上昇の円環、そして主体と客体、個別と一般、特殊と普遍、有限と無限、有と無、質と量、本質と現象、内容と形式、可能性と現実、原因と結果、自在と自為、肯定と否定、抽象と具体、自由と必然、全体と部分、分析と総合、さらに過渡、自省、仲介、外化、対象化、物象化、異化、揚棄などに至るまで、弁証法の体系を提示することにより、運動し変化、発展する世界全体を哲学の高みから把握するための思想的武器を提供した。

自由民権運動は、ルソーを始めとするイギリス、フランスの自由主義を盾に明治政府を徹底的に攻撃したが、政府の側はドイツ流の国家主義に傾き、プロシアの憲法や政府機構改革を模範とし、ドイツの学問を奨励した。ドイツ古典哲学も明治政府の政治方針の重要な理論的基盤だった。最初の哲学の専門家が誕生し（ドイツ留学の経験者だった）、日本の近代哲学が啓蒙哲学の段階からアカデミック哲学の段階へと発展するにつれ、ドイツ古典哲学は自然とアカデミック哲学の主流を占めるようになる。哲学を学ぶ学生の主要な学習対象であり、西田幾多郎のような後の哲学者の知識の源泉となったのである。

一九一〇年前後になり、アメリカへ留学していた人々が帰国してくると、プラグマティズム哲学が日本にもたらされることとなった。ジェームス、デューイらのプラグマティズム哲学者は、哲学を経験の範疇に限定し、「行動」「生活」「効果」の側面から、知識を環境に適応する道具とし、「有用」を真理と同等とみなした。当面の利益と成果を偏重するアメリカのブルジョワジーのイデオロギーと生活様式を反映するプラグマティズムは、現実の利益や需要を重視し、近代化を急ぐ日本のブルジョワ思想家に多大な影響を与えた。

同じ頃ダーウィンの進化論を始めとする西洋の近代自然科学思想も日本に流入してきた。ダーウィンの考えは、生物界では激烈な生存競争が行われており、すべての生物が生存と繁殖のために、食物や光、空間を求め、外敵や劣悪な環境から守るために戦っている。同時に、生物界には広く変異の現象も存在し、差異のある個体間でも競争が行われる。よりよく環境に適応できるよう変異した個体が、競争の中でより多くの生存・繁殖の機会を得ることができ、そうでない個体は淘汰される。生存競争は自然淘汰をともない、淘汰の過程で選ばれた優越した特質が次の世代へと伝えられ、微少な変異からより大きな変異となり、中間型の消滅によって変種は明確に弁別される種となる。生物の種はこのように変化して新種が誕生する。ダーウィンの進化論は日本の思想界に衝撃を与え、中江兆民の唯物論の科学的基礎となった。このほかにも西洋近代の政治、経済思想が次々と紹介された。

哲学、科学、政治など西洋近代の思想・文化と西洋諸国の近代化が軌を一にするものであることを日本の思想家は深く認識していた。日本の近代化のためには、西洋文化を吸収するだけでなく、日本の伝統文化の再発掘にも努め、両者を融合して日本の近代化に調和する近代日本文化を創造すべきだとされた。しかしながら、東洋に属する日本文化と西洋文化とは、概念、カテゴリー、命題から価値観、思考様式まで大きく異なる異質の文化である。両者をどのように融合したらよいのだろうか。まず日本の伝統文化の中から調和しうる部分を見つけなければならない。原始宗教から発展した日本の神道は、本来アニミズムと祖先崇拝を内容としていたが、五～六世紀ごろ中国から入ってきた儒家道徳と仏教教義を吸収し、しだいに宗教思想の体系を整えるようになった。八十万神、八百万神、千五百万神というように神道は多くの神を祀るが、とりわけ太陽神としての天照大神を日本民族の祖神として崇拝する。その教理をみればまだ素朴なもので、西洋近代文化の精神とはほど遠い。近世中期に興った国学は復古主義的な日本文化学、古代学の体系である。日本民族固有の精神である古道の回復を主張し、古典研究による古道の探究を行って神道や国粋思想を哲学的に位置づけようとした。その結果国学の精粋を代表する本居宣長（一七三〇～一八〇一）さえも、「その古典崇拝の故に創世記的神話の信奉者として妄誕な神学観念に到達し」たとされる。(一四) 西洋思想との結合の役割を果たすには、国学も充分ではなかったのである。

六世紀半ばに日本にもたらされた仏教は、十六世紀に至るまで、日本の主流イデオロギーの地位を占めるほどに普及、発展した。精緻な概念も厳密な論理も備えた仏教は、ある面では西洋文化との結合が可能である。ただ仏教も結局は神秘主義的な宗教であり、もっぱら来世に目を向け現実に対しては消極的で逃避的な態度をとるので、科学に立脚し現実を重んじて社会を改造しようとする西洋の近代文化とは、基本的に相いれないものだった。こうしたなかで、儒学を始めとする中国哲学は、現実や政治を重視する「きわめて現世的」な学問である。しかもその長い歴史において形式的には厳密な概念、カテゴリー・体系を備え、内容的には自然観、認識論、弁証法、倫理観、社会観、歴史観など幅広い領域にわたり、理論的にも古代哲学の最高水準に達していた。神道、国学、仏教と比べて儒学の優越性は際だっており、伝統文化のなかで西洋の近代文化と最も適合的だった。しかも儒学を含む漢学は江戸時代に全盛期を迎え、日本人、なかでも知識人の「血肉化した常識」ともなっていたこととあわせ、中国哲学こそ西洋近代文化との融合を果たす重責を担うに値したのである。

著名な哲学者下村寅太郎が、「受容時代の学者はすべて漢学（明治時代の儒学——引用者注）を教養の基礎としている。西洋哲学の理解はこれを通路として可能となった」と指摘するように、（一五）西洋文化の受け入れにあたって、中国哲学はまず理解のための媒介の役割を果たし、次いで西洋文化が日本に根付く際には絶好の土壌となったのである。東西文化の融合の過程においてはもちろんさまざまな摩擦が生じるが、方向を同じくする摩擦であって、正反対の衝突ではない。それに加えて、日本文化の「無限包容性（一六）」や多様な価値観の伝統も文化の融合に役だったといえる。

三、「脱亜」と「復古」の間の難問

中国哲学（日本ではしばしば儒学がその代名詞となる）をどのようにとらえるかについては、二つの相対立する考えがあった。一方は福沢諭吉に代表される「脱亜」の思潮である。明治維新、そして「文明開化」政策により、日本の思想家は「和魂」の一部を構成する中国哲学の再検討を迫られ、明六社に結集した加藤弘之、津田真道、森有礼、西村茂樹、中村正直などの啓蒙思想家が中国哲学のマイナス面を批判した。「少年の時から六かしい経史を、やかましい先生に授けられて本当に勉強しました。左国史漢［春秋左氏伝、国語、史記、漢書］は勿論、詩経、書経のような経義でも、または老子、荘子のやうな面白いものでも、先生の講義を聞き、又自分に研究しました」(一七)と述懐する福沢諭吉（一八三四～一九〇一）は、一八六〇年、一八六一年、一八六七年の三度にわたる欧米歴訪を経て、儒学の君臣論、古今観、倫理観などに次のような先鋭な批判を加えるようになった。「固より其教に君臣のことを論じたる趣意は頗る純精にして、其一局内に居て之を見れば差支なきのみならず、如何にも人事の美を尽したるが如くなりと雖ども、元と君臣は人の生れて後に出来たるものなれば、之を人の性と云う可らず。人の性のまゝに備わるものは本なり、生れて後に出来たるものは末なり。事物の末に就て議論の純精なるものあればとて、之に由て其本を動かす可らず」(一八)。「儒学は仏法とともに、各其一局を働き、我国に於て、今日に至るまで、此文明を致したることなれども、何れも皆、古を慕うの病を免かれず」(一九)。

たしかに、儒学思想そのものが肯定面と否定面の二重性をもっており、福沢が近代的な視点からその否定面を批判したことは正当であり、当時の反封建闘争の中で意義があった。「東洋の儒教主義と西洋の文明主義と比較して見るに、東洋になきものは、有形に於て数理学と、無形に於て独立心と、此二点である」(二〇)と述べるように、儒学に対する批判は深奥をうがっている。中国思想の二大弱点を科学性と民主思想の欠落とする見方は今日もなお有効だろう。しかしながら、福沢はその合理性に対しても最後には全面否定の態度を取り、「其道は、後の世に伝ふれば伝うるほど、悪しく為りて、次第に人の智徳を減じ、漸く悪人の数を増して、一伝又一伝、以て末世の今日に至りては、疾く既に禽獣の世界と為る可き」(二一)と痛罵するまでになった。さらに、日本が西洋諸国に遅れをとったのも、「今の世に居て古人の支配を受け、其支配を又伝えて今の世の中を支配し、洽《あま》ねく人間の交際に停滞不流の元素を吸入せしめたるものは、之を儒学の罪と云う可きなり」(二二)と、儒学の責任としたのである。こうして、「若し我国に儒学と云うもの無かりせば、今の世の有様には達す可らず。……唯、昔に在ては功を奏し、今に在ては無用なるのみ」(二三)として、古代では意味をもっていた中国哲学も、近代ではその存在価値を喪失しており、放棄すべきであるとの断定に至るのである。このような考えが、深いところで、「脱亜入欧」という過激な政治的感情とつながっていたことは、自伝の次の箇所からも明らかである。「其経史の義を知て、知らぬ風をして、折々漢学の急処のような所を押えて、話にも、書いたものにも、無遠慮に攻撃するから、是れぞ所謂獅子身中の虫で、漢学の為めには私は実に悪い外道である。斯くまでに私が漢学を敵にしたのは、今の開国の時節に、陳《ふる》く腐れた漢説が後進少年生の脳中に蟠《わだか》まっては、迚《とて》も西洋の文明は国に入ることが出来ないと、飽くまで信じて疑わず……」(二四)。思想的に、彼は東洋文化と西洋文化とが全く相容れないものとしていたのだった。

　中国哲学にたいする福沢の否定的な見方が、きわめて偏った認識なのは明らかである。第一に、儒学と日本社会の複雑な関係を単純な因果関係で捉え、儒学の理論的側面と社会的な効用の側面を混同してしまっている。第二に、西洋中心論（西洋近代化を唯一のモデルとする）の立場から、東洋近代化への方策（とくに精神文化の建設）の特殊性を見落とし、西洋近代文化をあらゆる地域文化の価値判断の基準とすることで、中国哲学の合理性を否定してしまった。第三に、文化の変容と継承との関係を理解せず、「和魂」の一部としての中国哲学の客観作用を軽んじ、民族文化にニヒルな態度を取ったことである。基本的に福沢らの「脱亜」の思想は、日本の近代文化のために建設的な役割を果たすものではなかった。ともに「明六社」の同人だった中村正直、加藤弘之、森有礼らが、次々と立場を転じて、中国哲学の近代的意義を説く擁護派になっていくのも、さまざまな社会的要因が作用したとはいえ、伝統というものが、批判はするとしても、簡単には否定しきれるものでないことを物語っている。福沢自身でさえ、六十四歳の時出版した『福翁百話』では老荘思想によって人生を論じているのだ。

「脱亜」に対するいま一方の側は、元田永孚（一八一八〜一八九一）、西村茂樹（一八二八〜一九〇二）らによる儒学の「復活」の思潮である。碩学の老儒元田は、天皇の意を受けて一八七九年に『教学大旨』を著した。そこにはこう書いてある。「輓近専ラ智識才芸ノミヲ尚トビ、文明開化ノ末ニ馳セ、品行ヲ破リ、風俗ヲ傷ウ者少ナカラズ。然ル所以ノ者ハ、維新ノ始首トシテ陋習ヲ破リ、知識ヲ世界ニ広ムルノ卓見ヲ以テ、一時西洋ノ所長ヲ取リ、日新ノ効ヲ奏スルト雖ドモ、其流弊仁義忠孝ヲ後ニシ、徒ニ洋風是競ウニ於テハ、将来ノ恐ルヽ所、終ニ君臣父子ノ大義ヲ知ラザルニ至ランモ測ル可カラズ。……故ニ自今以往、祖宗ノ訓典ニ基ヅキ、専ラ仁義忠孝ヲ明カニシ、道徳ノ学ハ孔子ヲ主トシテ、人々誠実品行ヲ尚トビ、然ル上各科ノ学ハ、其才器ニ随テ益々長進シ、道徳才芸、本末全備シテ……」。[二五] 開化政策により仁義忠孝の思想が軽んぜられるようになり、自由民権運動により品徳が低下したとみる元田は、こうした有様を変えるには、一八七二年の学制公布の際の「被仰出書」や啓蒙思想家たちが厳しく批判した儒家道徳の学を復興し、孔子の思想に帰るべきだとしたのだった。これは明らかに日本の近代天皇制を後押しするものだった。

　初期の啓蒙思想家で後に貴族院議員となった西村茂樹は、一八八七年に『日本道徳論』を上梓した。西洋近代哲学の精密な論理を適用して儒学を補足しようとしたこの書物は、一種の混合儒教主義ともいうべきものだが、基本的主張はやはり五倫、誠意、正心、修身、斉家、治国、平天下という儒家封建道徳を近代日本の道徳とするもので、「忠孝ノ教ハ、万世一系ノ天位ヲ護シ、君臣ノ分ヲ正シ、国民ノ風俗ヲ美ニスルコト他ニ及ブベキ者ナカルベキ」[二六]と述べている。西村の『日本道徳論』は儒学復活の思潮を示すもので、当時の文部大臣から「中等以上の学校教科書」としての推薦を得た。

　同じく啓蒙思想家で東京帝国大学教授、貴族院議員でもあった中村正直も、一八九〇年四月十四日に東京学士会院で「古今東西一致道徳の説」と題する講演を行っている。「支那の道徳の主義、所謂孔孟の教、所謂儒者の道なるものは、吾邦に於ても、応仁の朝より今日に至るまで、盛衰興廃、時に従って一ならずと雖も、上は朝廷百官の間より、下は閭巷の小民に至るまで、幾分か之を自然遵守執行して、社会の秩序を維持したるものなり」「吾国を救う［に］……五倫五常の孔孟主義に非ずして何ぞ、抑も仏教も、こゝに於て與かりて力なきに非ず、然れども、士人、忠孝といい、廉恥といい、信義といい、侠烈といい、勇武という、これ等の諸徳、多くは是れ五倫五常に根ざし来れるなり」。[二七] 彼もまた同じく、儒教の倫理道徳は近代化を推進するものであり、改めて振興する必要があるとしていたのである。

元田永孚に代表される「復古思潮」には西洋化の問題点が映し出されているが、反面それ自体にもいくつかの限界があった。第一に、天皇制という専制主義を助けようとする封建主義が強いこと、第二に、儒家思想に含まれる封建的倫理道徳観を内容としていること、第三に、日本の新たな文化を創出する上での西洋文化の意義と価値とを軽視する、文化発展における保守主義であることである。「復古思潮」が近代文化発展への道を切り開くものではないことは、開明的政治家や思想家たちの厳しい批判を招くことになった。中国哲学という「和魂」の中の精髄というべき部分をどう取り扱うべきか、「脱亜」と「復古」の両極に立つ思想はともに難問に直面することになったのだった。

抗いがたい文化発展の客観法則があるとはいえ、近代日本の思想家たち（その多くは欧米に留学、あるいは少なくとも訪問している）は、中国哲学の基礎をもちながら西洋近代文化にも精通し、近代化のために新たな日本文化の創建を図った。「和魂」の中の中国哲学と西洋文化の両者に真剣に取り組み、社会実践の立場から中国哲学をさまざまな側面から揚棄して、日本の近代文化の創造と発展のために大きな貢献をしたのだった。本書では以下、哲学者の西周、中江兆民、西田幾多郎、実業家の渋沢栄一、文学者の夏目漱石、科学者の湯川秀樹といった人々を取り上げ、日本の近代文化史において中国哲学が揚棄されてゆく過程を分析していく。

【序章注】

（一）『古事記・祝詞』（『日本古典文学大系』第一巻、岩波書店、一九五八年、二四九頁）。
（二）徳川公継宗七十年祝賀記念会編『近世日本の儒学—徳川公継宗七十年祝賀記念』岩波書店、一九三九年、二八頁。
（三）渡辺和靖『明治思想史』ぺりかん社、一九七八年、二四頁。
（四）『武内義雄全集』第四巻、角川書店、一九七九年、一三五頁。
（五）『武内義雄全集』第六巻、二三二〜二三三頁。
（六）福永光司『道教と日本文化』人文書院、一九八二年、一一六〜一一七頁、一二四頁。
（七）厳紹璗『日本中国学史』第一巻、江西人民出版社、一九九一年、一八二頁。
（八）湯浅泰雄『近代日本の哲学と実存思想』創文社、一九七〇年、一六六頁。
（九）湯浅泰雄『近代日本の哲学と実存思想』、一六七頁。
（一〇）溝口雄三「日本人為何研究中国」（『新史学』第一巻第二期、八六頁）。
（一一）蕭萐父『吹沙集』、巴蜀書社、一九九一年、七九頁。
（一二）中江兆民「流行論」（遠山茂樹等編『明治国家の権力と思想』吉川弘文館、一九七九年、一五九頁所引）。
（一三）青畝公追頌会編『伊藤博文伝』上巻、原書房、一九七〇年、七二四頁。
（一四）永田広志『日本思想史研究』第一巻、法政大学出版局、一九六七年、一三九頁。
（一五）『下村寅太郎著作集』第一二巻、みすず書房、一九九〇年、五四三頁。
（一六）丸山真男『日本の思想』岩波書店、一九六一年、二一頁。
（一七）『福翁自伝』（『福沢諭吉選集』第一〇巻、岩波書店、一九八一年、二〇九〜二一〇頁）。

（一八）『文明論之概略』（『福沢諭吉選集』第四巻、五三頁）。
（一九）『文明論之概略』（『福沢諭吉選集』第四巻、一九二頁）。
（二〇）『福翁自伝』（『福沢諭吉選集』第一〇巻、二〇八〜二〇九頁）。
（二一）『文明論之概略』（『福沢諭吉選集』第四巻、一九四頁）。
（二二）『文明論之概略』（『福沢諭吉選集』第四巻、一九四頁）。
（二三）『文明論之概略』（『福沢諭吉選集』第四巻、一九四頁）。
（二四）『福翁自伝』（『福沢諭吉選集』第一〇巻、二一〇頁）。
（二五）元田永孚「教学大旨」（松本三之介編『明治思想集Ⅰ』近代日本思想大系・第三〇巻、筑摩書房、一九七六年、二六三頁）。
（二六）西村茂樹『日本道徳論』（大久保利謙編『明治啓蒙思想集』明治文学全集・第三巻、筑摩書房、一九六七年、三七六頁）。
（二七）中村正直「古今東西一致道徳の説」（『明治啓蒙思想集』三二六〜三二七頁）。

第一章　「近代哲学の父」の歴史的選択——西周と中国哲学

西周は日本に西洋哲学を体系的に紹介した最初の人間であり、「日本の近代哲学の父」と称されている。(一)翻訳にあたって彼が創案した哲学用語は今もなお用いられているが、西洋哲学を翻訳、紹介する過程では終始中国哲学思想（儒学が中心だが）が理解の重要な仲立ちをしていた。明治初期の文化的背景を考慮すれば、これは西周個人の素養によるものというだけでなく、日本の哲学が近代的発展をとげるための歴史的選択でもあったのである。

一、東儒と西哲、「其の実一なり」

西周は幼名を経太郎といい、長じて周助となるものの、後に周と改名した。島根県津和野の医家の出身で、幕府の直参から開成所教授、沼津兵学校校長などを歴任した。明治六年、森有礼、福沢諭吉、加藤弘之などとともに啓蒙学術団体「明六社」を結成、『明六雑誌』を刊行するが、西は雑誌上で精力的に西洋哲学を紹介する論文を発表し、啓蒙活動を行った。また、一八七〇年以降兵部省、文部省などに奉職し、晩年には元老院および貴族院議員を務め、男爵の爵位と瑞宝章を得た。生涯にわたり八十以上の著作を遺したが、代表的なものとして『百学連環』『百一新論』『霊魂一元論』『生性発蘊』『尚白札記』『人生三宝説』『知説』などがある。西周は東西双方の哲学に精通していた。

1、中国哲学の薫陶

西周は幼い頃から中国伝統文化の薫陶を受けていた。父親と同じく内科、外科の医者だった祖父は、儒学にも強い関心をもち、自ら孫の教育を担当した。西は四歳で『孝経』、六歳で『論語』『孟子』『大学』『中庸』を読み、十二歳で藩学「養老館」に入るとさらに本格的な漢学の訓練を受け、『周易』『尚書』『詩経』『礼記』『春秋』『近思録』など中国伝統哲学の重要な典籍を渉猟した。「余少くして家庭の訓誨を奉じ、諸公の指導に遵い、以て略聖賢の大道を與り聞き」、「二程全書、正蒙、語録、語類、文集等の書を沈潜、反復し、奉誦すること有年、嘗て其の居敬惺惺の法を得、日々之を行い、幾んど禅僧入定の如し。然れども自ら其の道至れり尽くせりと謂うは、以て加える可からず」、「年十六、七にして、略左、国、史、漢、其の他先秦諸家の書を読むを得、退きて宋学を夷考するに其の気象は全然別なり」［原漢文］[三]と回想している。

十八歳のときたまたま病気で数日寝込んだ西は、寝ながらひまつぶしに聖賢や宋儒の書を読むのは非礼にあたると考え、代わりに荻生徂徠の『論語徴』を手にした。聖人の書でないこれなら寝ながら読めるからだ。ところが、難解なその書を二度、三度と読み返しようやく文意を理解すると、強い衝撃を受けた。「是に於いて始めて諸家の全くは非ならず、程朱の全くは信然なる可からずを知り、乃ち又徂徠集を得て之を読み、読みて一半を未えずして十七年の大夢、一旦にして醒覚せり」〔原漢文〕(三)。徂徠学の創始者荻生徂徠は江戸中期の哲学者で、五歳の頃より漢文を独習し、始めは朱子学を信奉していたが、後に先秦の儒学だけに真義があり後世のものは偽説であるとして、孔孟の学を崇め宋学を批判した。ただ、吉川幸次郎がいうように、徂徠は依然として「中国思想の祖述者」であり、その価値基準は中国古代の儒家の書からのものである(四)。したがって西周が程朱の学から徂徠学へと転じたとしても、それは儒学から離れたわけではなく、儒学の中のある一派から他の一派へと移ったにすぎない。二十一歳の時大阪で三年を過ごした西は、大阪の松陰塾、岡山の岡山学校などに学んだ後、培達塾の塾長などに任じられ、教鞭をとった。一八五三年、江戸に出て桜田門の津和野藩藩邸内の時習堂にて毎月十六日に経書の講釈を担当することになった。若い時の家庭・学校教育、そして儒学を教授していた時期にも、西周は大量の先秦諸子、宋儒の書物を読破しており、中国哲学に造詣が深かったことがわかる。

2、西洋近代文化の恩恵

二十五歳の冬、西周は藩邸の医師野村春岱についてオランダ語辞典を読み、同時に桑本才次郎から算術を学んだ。二十八歳の時英語の勉強を始め、翌年には蕃書調所教授手伝並となる。調所ではさまざまな西欧の自然科学、社会科学の知識に接し、留学前にすでに西洋哲学にたいする並々ならぬ関心を抱いていたことが友人宛の書簡から窺われる。「頃来西洋之性理之学、又経済学抔《など》之一端を窺候処、実に可驚公平正大之論ニ而、従来所学漢説とは頗端を異ニシ候処も有之哉ニ相覚申候、尤彼之耶蘇教抔《など》は、今西洋一般之所奉ニ有之候得共、毛之生たる仏法ニ而、卑陋之極取えきこと無之と相覚申候、只ヒロソヒ之学ニ而、性命之理を説くは程朱ニも軼《もとづ》き、公順自然之道に本き、経済之大本を建たるは、所謂王政にも勝り……」。(五) 西洋近代哲学の長所を中国哲学との比較を通じて見いだしていたのである。

一八六二年、西は幕府から派遣された最初の文科系の留学生としてオランダに渡り、ライデン大学のフィセリングに師事することになった。著名な法学者であるとともに、実証主義哲学者としても影響力をもっていたフィセリングのもとで、西はコントの実証主義やミルの功利主義を体系的に学び、さらにカントなどの西洋哲学や進化論についての知識も深め、自身の哲学を確立するのに役立てたのだった。

3、儒学の見直し

オランダから帰国後、西周は世界文化という新たな視点から中国哲学を見直すことになった。まず第一に彼は儒学がはらむ重大な欠陥として、「教（道徳―引用者注）という考えと法（政治学・法学―引用者注）という考えが混合している」ことを挙げる。(六) 両者は孔子の学説でも明確に区分されておらず、宋学ではいっそうあいまいなものとなるが、本来政治学や法学は道徳から分離した独立の学問であるはずである。異なる役割をもつ「教と法との区別」について西は、「法は人を治める道具、教は身を治める道具と区別して申せば、一通りよくわかることでござれど、いずれも心理上のものでござって、人の性にもとづき、人の性上から本源を取るものでござれば得ては混じやすい、心得違いのできやすいところがござるが、まず法の考えを名状して申さば、正という字を主とし、教の考えでは善という字を主とするのでござる。……さすれば正と善とは同一の考えでないことがわかるのでござる(七)」と述べている。政教合一の思想の批判とともに、「漢儒が理想となりえないのは「泥古」の二字による」と、西は儒家の尚古主義の問題もあわせて指摘した。

反面、西は儒学の合理性を積極的に評価する。西洋では多くの哲学者が輩出したが、東洋でも、孔子、孟子に始まり、宋学で最盛期を迎え、あるいはまた陰陽の学の系統もある。孔子の正名論、公孫龍子の堅白異同の弁は、ともに「論理学の胚胎」なのである(八)。「東土之を儒と謂い、西洲之をヒロソヒーと謂うも、皆天道を明かにし人極を立つる、其の実一なり(九)」。儒学に代表される中国哲学と西洋哲学とは、形式は異なるものの実質は同じであり、ともに自然法則を探究する学問とみなし、その結果、中国哲学が普遍的、合理的なものであると強調しているのだ。インドに始まる仏教、日本の神道など東洋にあるさまざまな文化の中で、西がとりわけ儒教に注目したのは、それがもっとも西洋哲学に近く、重なり合っていると考えていたからである。だからこそ儒学が西洋の哲学や文化を体系的に紹介する際の媒介となり得るのだった。

二、宇宙進化論と陰陽の「二儀」

欧州留学中、生物進化論や近代物理学など自然科学に接した西は、それらの知識を哲学に取り込み、宇宙を運動するもの、進化するものとみなした。この宇宙進化の思想を中国哲学の陰陽説と結びつけて論じたのは、西の儒学の素養のためばかりでなく、西洋文化を日本化するためにも有効だったからである。

1、静寂体、擾動熱と陰陽

西は自然界の発展、進化はさまざまな形で表れるものの、究極的には陰と陽の組み合わせであるとして次のようにいう。「物は陽極為り、虚は陰極為り、其の色に於るや、白は陽極為り、黒は陰極為り、七色は中間の象為り。其の知覚に於るや、熱は陽極為り、寒は陰極為り、温と暖とは間象為り。其の光に於るや、明は陽極為り、暗は陰極為り、太陽の輝きの若きは、陽極の太甚だしきなり。其の有機性体に於るや、生は陽為り、死は陰為り、少ければ則ち陽に向かい、老なれば則ち陰に近し。其の無機性体に於るや、金土は是れ陰、火気は是れ陽……凡そ此皆陰陽の羅織を章と為す」[原漢文][一〇]。「陰陽の羅織を章と為す」との言葉だけをみれば、中国哲学のままで何の新しさもないが、「陰陽」の概念に有機体、無機体といった近代自然科学の内容が盛り込まれているなど、古い表現の中に新思想が見えかくれしている。

五十歳の時の著作『兵賦論』ではこの点がいっそう明確となる。鉱物、植物、動物から人間に至るまで、万物は「静寂体」と「擾動熱」とが互いに闘い、せめぎあっているとして次のように続ける。「ゆえに戦争中が人の生を享けて楽しむの時にて、その戦争やむ時は吾人墓石の下にありて各自に分解して元来の静寂体に帰す。ゆえに天地万有はつねに戦争中にありてこの天地万有をなすものにして、すべて生気あり活気あり壮盛なりというものは、知恵にても、世間にても、貿易にても、戦争にてもみなこの擾動力の戦争中なりと知るべし。シナの書にはこの静寂体と擾動熱とを名づけて陰陽という。ゆえに〝陰陽化成して万物顕わる〟といえり」(一二)。西洋近代の物理学者の用語である静寂体と擾動熱と、中国哲学の概念である陰陽を結びつけることによって、西は日本近代文化のために新たな自然観を紹介したのだった。

2、万物の形成と「両儀四象を生ず」

一八七〇年の「復某氏書」はいささか難解である。「四象の運化によりて三界の万物を生ず、即ち金石界、草木界、人獣界是なり、此三界の万物人工により其源を究極して茲に四元気三十六金二十有余土を得、凡そ是に係わる理を名けて形気家の道理という、其学は即ち格物学、分析学、金石学、植物学、生物学、地質学、古界学、天文学、晴雨学など是なり、又右の一実質の運行を知りて、爰《ここ》に其対偶を求め一虚体を得、此虚実動静二体相係わるの様を観じて空想の四元を得、此四元を推し参ずるに三界の形迹を以てし、造物主の霊妙不測を感知す、是により四元を推し参ずるに形気家の理を以てし、性理の蘊奥を究極し人生の大本を知る、是を性理家の道理となんいうなる、其学は即ち致知学、心性学、礼教学、性法学、政法学、国法学、刑法学、商法学、公法政学、公法通学などなり（一二）」として、物質の流動が四象の変化を生むとみている。『易』「繋辞伝」の「易に太極有り、是れ両儀を生じ、両儀四象を生じ、四象八卦を生ず」という宇宙生成の型と、西洋近代自然科学の知識とを結びつけ、世界の形成、および自然科学と社会科学の形成と分化を論じたこの文章は、物質中の陰陽の対立が無機物、植物、動物、人類など万物を生み出すとし、地質学、植物学、生物学などの自然科学も、そこから派生する社会科学も、すべてこの「陰陽」の法則（西の表現でいえば、「其対偶を求め」、「此虚実動静」を観ず）に基づくとするのである。ここには確かに新旧の知識が雑然と混在しているが、前近代から近代化へと歩みだした明治の日本文化が経なければならない歴史の過程でもあったのだ。

三、近代知識論と「知行」学説

知識論は西洋近代哲学において重要な主題であり、大哲学者はほとんど例外無しに触れている。しかも歴史の発展にともない人々が自然や社会を改造する中で、知識はますます重要な役割を果たすことになった。こうした事情を洞察した西は、日本の近代化支援のために西洋の知識論を積極的に紹介したが、そこでも中国哲学が活用されていた。

1、「学術の源は知と行に在り」

　謹厳な学者として、西は西洋近代に於ける「学術」という言葉の語源について考察を加えると同時に、中国哲学の「知」「行」を学術形成の根幹とした。「学術の源なるものは、知行の二ツ是なり、知と行とは、其区別あるものにして、如何になすも一ツとして見る能わざるものなり、知の源は五官の感ずる所より発して外より内に入り来るもの、行は其知に依りて内より外に出るものなり、故に知は先にして、行は後ち、知は過去にして、行は未来なり、それゆえに知は広きを要し、行は約《つづまや》かなるを要す」(一三)。中国哲学を仲立ちに西洋の近代思想を紹介することで、異質の文化に対する人々の理解を助けたのだった。

2、「大知」を主張し「小知」に反対す

　知識は大知、すなわち体系的、全面的なものであるべきで、小知、すなわち断片的、一方的なものであってはならないと西は主張していた。『知説』によれば、体系的、全面的学問とは「文、数、史、地」を基本的内容とし、演繹と帰納の法によって真理を探究するのを目的とするという、きわめて近代的な見方である。西の用いた「大知」、「小知」は、『荘子』の哲学概念である。『荘

子』には次のようにある。「小知は大知に及ばず」（「逍遥遊篇」）、「大知は遠近に観る、故に小にして寡しとせず、大にして多しとせず、量の究まり無きを知ればなり。今故を証向す、故に遙《なが》くして悶えず、掇《みじか》くして跂《さから》わず、時の止まる無きを知ればなり。盈虚を察し、故に得て喜ばず、失いて憂えず、分の常無きを知ればなり。坦塗を明らかにす、故に生くるも説《よろこ》ばず、死して禍とせず、終始の故とすべからずを知ればなり」（「秋水篇」）。

『荘子』の「大知」「小知」の概念は、広い視野をもつ頭脳明晰な大智者こそが、問題を全面的、発展的、弁証的に捉えられるとして、形而上学的思考は小知として批判する。しかし西は小知と大知とを有機的に結びつけ、新たな知識論に発展させた。「小知はすなわち尋常の知識、その限界凡庸にすぐれて上るあたわざるものなり。たとえば人あり稠衆密群の中に立つがごとし。その見るところ前後左右の人に過ぎず。ゆえにその行なうところもまた前人を倒し、後人を擠《お》し、左を衝き、右を凌ぐに過ぎざるのみ」、「大知はすなわちこれに反す。一高台上にあり台下の稠衆を観るがごとし、頂上より数万人を同視す。ゆえにその前後左右に跼躅《きょくちょく》たらず、行なうところまたその当を得るなり」（一四）。西は両者の比較をさらに続け、小知が一本の糸ならば大知は一枚の布である、小知が人ひとりが入る穴居ならば大知は立派な建築物である、あるいはまた、小知が孤軍奮闘する勇者ならば大知は強力な陣立ての軍勢であり、小知が細々と制作する一職人ならば大知は衆工を集めた生産組織であるとした。『荘子』の哲学概念が用いられたことからわかるように、西の知識論はその近代性とともに東洋文化の色彩も入り交じっていたのだった。

3、「智、情、意」の心理学

十八世紀半ばより哲学から分化してきた心理学は、十九世紀にはほぼ独立した学問となった。オランダ留学中にこの新興の学問に接した西は、帰国後、中国古代医学の書『黄帝内経』の用語と理論枠組みを借用して心理学の紹介を行った。『内経』は人間の内臓を、「心は君主の官、肺は相傅の官、肝は将軍の官、胆は中正の官」というように十二の器官に分類しそれぞれの器官が連携する全体的機能を重視するものである。中国古代医学の経典に通じた医者である祖父と父をもつ西は、代々受け継がれてきた『内経』を、西洋文化の紹介のために次のごとく活用することになった。「心理（メンタル）の分解（アナリシス）首めに三大部に別つ、智（インテレクト）、情（イモーシウン）、意（ヰル）是なり、三者の中、意の主為るは、此我者即ち是なり、他の二者の若きは、則ち吾の之を左右するを得ざる者有りて存す。……故に曰く、意は心の主部にして、智、情は補佐の器官為り」、「意、是れ人心の主、則ち心城の君主為り、智は採納の官（又曰く報告官）為り、情は宣達の官為り、採納の官は入るを司り、宣達の官は出るを司る、共に心城に居り、心君を補相し、以て其の属府を此の身国に開く」〔原漢文〕[一五]。「智、情、意は区して別つと雖も、元《はじ》めは一体の心にして、其の発動の異に因りて名称を別にし、以て吾人の観念を表するのみ、三者は相関し、親密にして画然として分別を為すこと得可からず。諸《これ》を一流水に譬うるに、体を指して水と曰うは、猶吾が心のごとし、其の動きを指して流と曰うは、猶意を言うがごとし、故に心有りて斯《ここ》に意有るは、猶水有りて斯《ここ》に流有るがごとし」〔原漢文〕[一六]。西洋心理学の理論や思想の紹介に、『内経』の概念や方法が深く結びつけられていたのだった。それは近代心理学への西の理解が不十分なためもあったが、他方、心理学を日本化しようとする彼の意図の表れでもあった。

四、「人世三宝説」と儒学の価値観

儒学は、倫理観においても、学問観においても、政治的役割や社会的価値を重視する。日本の新文化を創造する中で西は儒家のこうした思想を盛り込んだ。

1、「人世三宝」と「修、斉、治、平」

「人世三宝説」には西の思想の近代性がもっともよく示されている。この論文にはミルの功利主義が反映されており、自由平等、個性解放への望み、封建制度や封建道徳の否定、そして資本主義的近代化のために重要な役割を果たしたが、その近代功利主義の学説もまた、中国哲学と切り離すことはできない。

西によれば、三宝とは「健康、知識、富有」であり、その逆の三禍鬼は「疾病、愚痴、貧乏」である。人生最大の目的は、三禍鬼を駆逐して三宝を増進し、最大限の幸福を得ることにあり、これこそ道徳の根幹となる。「人ノ三宝ハ貴賎上下ノ別ナク其《シカル》貴重タル同一ナリ、其二ニ曰ク苟モ三宝ヲ戕《しょう》害スルコト無レハ人ノ百行自主自在タリ」[一七]という一節は、人の本性は幸福の追求であり、幸福を利益とみなすミルの「最大幸福」の思想を踏まえたものだった。「人世百般ノ事、来生ノ禍福ヲ除クノ外、皆此三ツニ外ナル能ワスシテ、人ノ身ヲ脩メ家ヲ斉ヘ国家天下ヲ治ムル、一モ之ヲ外ニシテ為スアル可ラサルナリ」(一八)というように、三宝は「人ニ接スルノ要」「人ヲ治ムル要」であるとともに、「治政の要」でもあった。「心正にして後身修まり、身修まりて後家斉しく、家斉しくて後国治まり、国治まりて後天下平らかなり」(『大学』)とする、倫理思想と政治思想を結びつける儒家の伝統を継承しつつ、西は同時に、西洋近代の功利主義をも語っているのである。これは西周個人のレベルでの理論枠組みを示すだけでなく、日本人一般が外来文化を受容するための意義深いやり方だった。

2、「学術統一」と「斉家治国」

西周はまた、「百科の学術の統一的観点」(哲学を指す)が、「斉家」「治国」と連関することについて、次のように述べている。「凡そ百科の学術に於ては、統一の観有る事緊要たる可し。学術上に於て統一の観立てば、人間の事業も緒に就き、社会の秩序も自ら定まるに至るべし。誠に人間学事の事業も緒に就きて、社会の秩序も定まり、苟も紊乱する事無れば、其結果は即康寧なる可し。是に努力(勉励)の一元を加うれば、其結果は家国天下の富強ぞかし。此康寧と富強との二元流行して、所謂生を養い死を喪し、人皆熙々として寿考の域に躋《のぼ》るは即福祉にして、福祉は人道の極功なり」(一九)。西が重視する「百科の学術の統一的観点」というのは、カントの影響による。カントの実証哲学は、天文学、物理学、化学、生物学、社会学という「五種の実証科学」に関連し、実証原則を適用することで、それら科学に方法と原則を付与するものだった。他方、学術を家、国、天下と結びつける観点は、「誠意、正心、修身、之を推して以て斉家、治国に至り、以て天下を平治する可し、方に是れ正当の学問なり」[二〇]とした、朱熹の思想に啓発されたものである。カントの思想を取り入れて、朱熹の思想を組み直し、哲学の政治的、社会的効用を重視した西周は、東洋的な近代学術の統一観の一例といえよう。

五、哲学概念の訳語創出と転用

概念はある時代の理論や思想の発展を示す物差しであり、人々が自然現象を認識し把握するのを助ける。哲学の近代化の重要な目安は、哲学概念の明晰化、同時代化だが、西周はこの面においても大きな役割を果たした。西は西洋近代哲学を精力的に翻訳、紹介したが、その翻訳は、生硬な直訳ではなく、中国思想からの新たな訳語の創出と、および中国哲学概念の現代的な転用をとり混ぜたものだった。

1、「哲学」

古代ギリシャの「PHILOSOPHIA」を音訳すれば「斐禄所費亜」、意訳すれば「愛智」となるが、西は宋代哲学を参考に「性理学」「理学」「窮理学」などの言葉をあてた。「性理」という言葉は、心性、理性を指す。「理」について、張載〔一〇二〇～一〇七七〕は「万物皆理有り」として物質の運動法則とし、二程子（程顥〔一〇三二～一〇八五〕、程頤〔一〇三三～一一〇七〕）は事物の然るべき所以のものとし、朱熹は天地万物の「主宰」であり、万事万物の運動を押し進めるものとした。それ故、宋、明の儒学はしばしば理学と呼ばれるが、とくに宋代哲学では「窮理」は重要な概念である。二程子は、「格するは猶窮するがごとし、物は猶理のごとし、其の理を窮すると曰うが若し」と述べ、「窮理は便ち是れ事物中の理を窮究し、従いて本体の理を体認す」とする朱熹は、「窮理」を心の内にある天理や善性を探究し実践する道徳修養の過程と考えた。

近代哲学への理解が深まるにつれ、西周はそれまで案出した訳語が適当ではないと感じるようになり、音訳「斐鹵蘇比」は、周敦頤のいう「聖は天を希《ねが》い、賢は望を希《ねが》い、士は賢を希《ねが》う」の意にあたるとして、「希賢学」と訳し、次いで、『書経』などの思想から「希哲学」の語をあてた。『書経』に「人を知れば則ち哲、能く人を官す、民を安んずるは則ち恵、黎民之に懐く」（皐陶謨）とあり、「孔氏伝」では「哲は知、是れなり。知らざる所無く、故に能く人を官し、恵愛す。愛すれば則ち民之に帰す」と注釈されているのである。西はさらに推敲を繰り返し、最後に、一八七四年刊の「百一新論」において、「天道人道ヲ論明シテ、兼テ教ノ方法ヲ立ツルヲヒロソヒー、訳シテ哲学ト名ツ」けるとの結論に達したのだった。(二一) この訳語は英文の原意の「愛智」によく対応するものである。長い間の苦心の末生まれた「哲学」という訳語には、中国哲学にたいする西の素養が不可欠だった。

「哲学」概念の成立は専門の学術用語の翻訳の問題ばかりでなく、哲学という専門分野への認識が日本で定着しつつあったことを物語っている。それは日本の哲学の近代化ばかりでなく、同時に中国哲学の発展にも大きな意義をもっていたのである。

2、「理性」

西周は「理性」という訳語の考案者でもある。もともと西洋哲学では、理性は概念、判断、推理などの思考様式や活動を指す。西洋の理性主義一般に共通するのは、理性的認識を信頼するものの、理性的認識は感性的経験には依拠できないとすることである。オランダ留学中に著した「破題門」で西は、「宋儒と理性主義の二者は、説法上同じからざる有るも、亦酷似の処有り」と述べた。たしかに宋代の学者は理性を非常に重要視していた。たとえば程頤《ていい》は、物の理を窮めるには、物自体の追求よりも、「反躬」、つまり自省すべきだとし、朱熹は「即物窮理」という基本的観点から、窮理を多く試みることによって「豁然貫通」、内外合一することができると考えた。また陸九淵は、心即理の立場から、外部の物に理を求めるよりも、内に「反観」すべきだとし、王守仁は「致良知」説を提唱して、格物致知とは自らの良知を万物に致すことだとみなした。一方西洋のデカルトやライプニッツらの大陸合理論でも、感性的認識よりも数学的推論によってこそ真の知識が得られ、観念の明晰さこそ真理の基準であるとされていた。表現は異なるが、中国でも西洋でも理性的認識が最も重要視されることでは共通していた。西が西洋近代の理性主義と宋代哲学、双方を深く理解していたことがわかる。一八七〇年の「尚白箚記」ではreasonを、広義に用いるときは「道理」、狭義に用いるときは「理性」と訳すべきだとし、一八七三年の「生性発蘊」では、理性とは道理を理解する能力とし、さらに一八八四年、五十六歳の時の「生性箚記」では以下のごとく述べている。「理性、英語の躐遜《リーゾン》、是れ唯吾人抽象に一作用を指すに因りて此名を命ず……理性の作用は、亦記性の如く特《た》だ知、感の二覚にのみ限らず、又情、欲の二動に併せ及ぶ。然るに其の記性と異なる所以の者は、記性に在りては則ち受けて拒まざるも、理性は則ち時に二動と抗衡抵争すること有り。若し夫の抗争あらば此の心情之が為に擾乱す、是れ宋儒の人心道心の別、独知誠意の工夫発する所以にして、陸子の合下便ち是の説、陽明の良知の工夫も亦此に存するなり。蓋し嘗《こころ》みに其の然る所以の者を推究するに、理性なる者は、其の質は正直にして貞信、其の印象は、外界の顕象を一踵して其の曲折を極め、一点の矯色無く、毫釐《ごうり》の加損も無し。惟純、惟精にして以て心君に奏す。是以て心君情の攬する所と為り、欲の擾する所と為ると雖も、理性の呈象する者は依然として旧を襲い、毫も変更無く、敢えて君心を諛するの非に従わず。是れ其の心府の司直為りて毎に情と欲の二動と相闘争して止まざる所以なり」［原漢文］[三二]。西が「理性」という概念を創るにあたって西洋の理性主義哲学が基になったのは間違いないが、他方、宋代明代の哲学、とくに陸九淵や王守仁らの心学からも大きなヒントを得たのだった。

3、「物理」と「心理」

「理」は中国哲学、とりわけ宋明哲学にとって重要な概念である。唯物主義哲学では一般に事物の発展の規律、条理を指し、唯心主義哲学では抽象的観念あるいは精神的実体について用いられる。たとえば『管子』心術篇は「理は分を明らかにし以て義を諭すの意なり」といい、『孟子』では人心に備わっている道徳観念とする。『荘子』には「天理」「万物の理」という言葉がみられ、『荀子』にも「事理」という概念が登場し、『韓非子』は理を事物の具体的規律として「万物各々理を異にす」と記している。宋代になると「理」は程朱の理学の最も基本的な哲学概念となり（前述）、後に宋代哲学を受容した日本の思想史でも重要な位置を占めた。二千年以上にわたり「理」は哲学者たちの多岐にわたる定義や解釈によってその内容を深めてきたが、なおその思想としての漠然としたあいまいさが、後世の理学家や研究者を困惑させ、無意味な混乱を招くことになった。西洋近代の自然科学や社会科学の知識を身につけた西は、形式論理の方法によって「理」の概念を分析し、「物理」と「心理」の二つに区分して次にように述べる。

「同ジ道理々々ト一様ニ口デハ言エド其実ハ理ニ二タ通リアッテ、……其一ツヲ心理ト云イ、其一ツヲ物理ト名クルデゴザル、其物理トハ天然自然ノ理ニシテ、其大ヲ語レバ寰宇ノ大ナルモ、星辰ノ遠キモ、其小ヲ語レバ一滴ノ水一撮ノ土モ、禽獣ヨリ人間ニ至ル生物デモ、草木ナドノ植物デモ、何デモ箇デモ此性ヲ備エ此理ニ外ナルコトハ出来ズ、仮初《かりそめ》ニモ此理ニ戻ルコトハ毫頭モ出来ナイモノデゴザル、然レドモ心理ト云ウハ斯広イモノデハナクテ、唯人間上バカリニ行ナワレル理デ、人間デナクテハ此理ヲ会スルコト能ワズ、亦人間ナラデハ此理ヲ遵奉スルコトモ出来ズ、是モ矢張天然ニ本ズクトハイエドモ、是レニ違ワント欲スレバ違ウコトモ戻ルコトモ出来ル……夫故物理ハア、プリオリト云ッテ先天ノ理トシ、心理ハア、ポステリオリト云ッテ後天ノ理ナレバ、先ヅ先天ノ理ニテ人間ト云ウモノガ出来テ、其人間ニ就テ後天ノ心理ガ自然ニ備ワル故ニ之ヲネセシテイト云ッテ、已ムヲ得ザルニ出スルノ理ト申スデゴザル、併シ此理ハ先天ノ物理ノ一定動カス可ラザルモノトハ違イ、一事ニ就テモ千差万別ト色々ガゴザル……」、「物理ハ恒ニ一定シテ無二ナルモノナレバ、事毎ニ必然ノ度アッテ数目デ之ヲ測ルコトガ出来ルデゴザル……然ルニ心理ハ一定無二トハ行カズ、相反シテ恒ニ両極アルモノニテ……此両極ノアル上ニ又其間ニ多少ノ度ノ差ガアッテ……」〔二三〕。

「物理」と「心理」を厳格に区別するこの考えには、西の独創が見て取れる。先秦時代の『荀子』にも「物理」という言葉が見られるが、それは素朴で直感的認識の表現に過ぎない。西のいう「物理」は、当時の自然科学の成果を踏まえた近代的なものである。といっても自然科学の中の「生物」「化学」「物理」といったものとは異なる。自然界の普遍法則を指すもので、より哲学的な概念である。「心理」は明らかに心理学という新たな学術専門分野からヒントを得たもので、西の造語といってよい。にもかかわらず、「物理」「心理」の概念ともに中国哲学に根拠を持つものだった。

これ以外にも西は、「主観」「客観」「悟性」「現象」「実在」などさまざまな哲学用語を案出したが、その際にも中国哲学の素養が生かされている。これらの訳語は、東西の思想交流や日本および中国の哲学の近代化に大きな役割を果たした。ただ、中国哲学を媒介に西洋哲学を紹介し、日本の近代哲学樹立に力を注いだ西にも限界があった。たとえば宇宙の進化を、『周易』の「太極両儀を生ず」という観点から説明するのは、西洋思想を歪めるものといってよいが、これは儒家思想の弁証的分析が足らないのと同時に、自然科学についての理解も浅かったためだった。それでも大局的に考えれば、西の東西文化を結びつけるために果たした功績は偉大なものだったのである。

「西周の哲学は儒学の影響、換言すれば日本の伝統哲学の性格を色濃く残している。西は〝性〟や〝理〟といった儒学の概念を踏襲し、儒学の立場、観点に立って西洋哲学を理解し、伝統に批判的になったが、そこから伝統哲学を意識的に批判するとともに、それを意識的に保持しようという西の哲学の二重性が生じることになった」(二四)との指摘があるが、西周の思想と儒学(あるいは中国哲学)との関係は本当にもっぱらこのような後ろ向きのものだったのか、いささか疑問が残る。まず第一に、儒学自身に肯定的側面、否定的側面が存在するため、新文化の創造についてもプラスの役割とマイナスの影響があって、いちがいに全てを否認することはできない。第二に、日本の近代哲学は古代哲学からの革新であると同時に、また外来文化と土着文化の融合でもある。前者に即していえば、変革は伝統哲学からの脱却というよりむしろ揚棄、つまり批判的継承であり、後者からいえば、融合は完全な西洋化というよりむしろ二つの文化の結合である。第三に、西洋哲学の紹介や近代文化の創造にあたり、儒学を始めとする中国哲学を媒介としたことで、西のもたらした西洋哲学が広範に受容され、その訳語が日本やアジアの学界で今なお用いられることになったのである。

下村寅太郎は、受容時代の学者は、誰もが漢学を基礎教養に西洋哲学を理解したとしたとし、「哲学的用語の翻訳がこれを示している。「悟性」「理性」その他今日用いられる用語は大半これらの人々、特に西周に負う」と述べているが、(二五)西周の哲学形成の過程における儒学(あるいは中国哲学)の果たした役割を歴史的、弁証法的に検証すれば、たしかに大きな意味をもっていたことがわかるのである。

【第一章注】

(一)「日本の観念論者」(『船山信一著作集』第八巻、英宝社、一九九八年、三六頁)。
(二)「徂徠学に対する志向を述べた文」(大久保利謙編『西周全集』第一巻、宗高書房、一九六二年、三頁、五頁)。
(三)『西周全集』第一巻、五頁。
(四)「仁斎・徂徠・宣長集、序文」(『吉川幸次郎全集』第二三巻、筑摩書房、一九七七年、五四四頁)。
(五)「西洋哲学に対する関心を述べた松岡鏻次郎宛の書簡」(『西周全集』第一巻、八頁)。
(六)「百一新論」(植手通有編『日本の名著　西周・加藤弘之』、中央公論社、一九七二年、九三頁)。
(七)「百一新論」『日本の名著　西周・加藤弘之』、九三〜九四頁。
(八)「論理新説」(『西周全集』第一巻、五七五頁)。
(九)「開題門」(『西周全集』第一巻、一九頁)。

（一〇）「哲学関係断片」（『西周全集』第一巻、二一三頁）。
（一一）「兵賦論」（『日本の名著　西周・加藤弘之』、一六八頁）。
（一二）「復某氏書」（大久保利謙編『明治啓蒙思想集』明治文学全集・第三巻、筑摩書房、一九六七年、二六頁）。
（一三）「百学連環」（『明治啓蒙思想集』四八頁）。
（一四）「知説」（『日本の名著　西周・加藤弘之』、二〇三頁）。
（一五）「生性箚記」（『西周全集』第一巻、一三〇～一三一頁）。
（一六）「生性箚記」（『西周全集』第一巻、、一三八頁）。
（一七）「人世三宝説」（『明治啓蒙思想集』七二頁）。
（一八）「人世三宝説」（『明治啓蒙思想集』、六八頁）。
（一九）『西周哲学著作集』岩波書店、一九三三年、五頁。
（二〇）『晦庵先生朱文公文集』巻七四（『朱子全書』第二四冊、三五八八頁、上海古籍出版社、二〇〇二年）。
（二一）「百一新論」（『明治啓蒙思想集』二三頁）。
（二二）「生性箚記」（『西周全集』第一巻、一四四～一四五頁）。
（二三）「百一新論」（『明治啓蒙思想集』一九～二一頁）。
（二四）王守華・卞崇道『日本哲学史教程』山東大学出版社、一九八九年、二〇一頁。
（二五）『下村寅太郎著作集』第一二巻、みすず書房、一九九〇年、五四三頁。

第二章　近代唯物論の新たな解釈——中江兆民と中国哲学

中国哲学と西洋近代文化とをどう関連させるべきかという問いかけへの解答に、西周は前者を西洋近代哲学や思想を受容するための媒介として用い、近代日本文化の基盤を形作った。それにたいし中江兆民は、西洋近代の自然科学および哲学思想によって中国哲学を再解釈し、ブルジョワジーの自由民権運動のために、新たな意義を見いだして、思想的な武器にした。

一、漢学への偏愛と西学の紹介

近代日本の唯物論の創始者であるとともに、自由民権運動の理論家でもあった中江兆民（一八四七〜一九〇一）は、幼名を竹馬といい、長じて篤介と名乗った。「億兆の民」からとった兆民という彼の号は、その民主主義への志向を体現している。土佐藩の下級藩士の家に生まれ、十三歳で父を喪い母の手によって育てられた兆民だが、幼い時から漢文を学んで十六歳で土佐藩の藩校文武館に入学した。『論語』『孟子』『大学』『中庸』『周易』『尚書』『礼記』『左伝』などに親しみ、とりわけ『荘子』『史記』を愛読し、何節かをすらすらと暗唱できるほどだったという。さらに、奥宮慥斎について陽明学も学び、『陽明全書』『伝習録』などを読んだ。十七歳で初めて洋学に触れ、英語、オランダ語、フランス語を学んだ兆民は、一八六八年、箕作麟祥の塾に入り、西洋哲学の書物の翻訳に手を染め、一八七一年から七四年にかけては、政府留学生として渡仏して、貪欲に欧州の近代文化を学ぶことになる。ルソーの自由・平等の学説、十八世紀フランスの唯物主義的自然観、認識論、そして無神論、あるいはダーウィンが確立した「種の変化と継承」についての生物進化論など、いずれも彼に深い影響を与えたものである。一八八二年に出版したルソーの『社会契約論』の漢文訳『民約訳解』は、大きな社会的反響を巻き起こし、彼は「東洋のルソー」と呼ばれることになった。一八八六年に翻訳、出版したフイエーの『理学沿革史』上下二冊は、理学という訳語をあてているものの、その実際の内容は西洋哲学史であり、同じ年の『理学鉤玄』もまた西洋近代哲学の体系的紹介である。

中国の哲学や文化への終生の愛着は、中江兆民の特色のひとつであり、西洋文化の学習に忙しい日々をおくったフランスでも、彼は並行して漢学の研究を進め、『孟子』などの中国古典の仏訳を試みている。帰国後も、精力的な西洋哲学・文化の紹介のかたわら、漢学者として知られた岡松甕谷の門下に入り、先秦の諸子の学習に傾注し、岡松が著した『荘子注釈』を片時も手離さずに愛読することで、中国人でさえ難解に感じる荘子の哲学思想に通暁することとなった。後に仏学塾を創設した際にも、『荘子』を座右の書としたが、中江兆民の読書経歴に詳しい小島佑馬が指摘するように、愛読書として『荘子』は彼の文章や思想に深い影響を残している。たとえば、『荘子』の中の代表的な一章「秋水篇」は、大と小、天と人、生と死、貴と賎、官と民などの問題を、七つの寓話に託して述べたもので、権貴を軽視し、自由を重んじる荘子の超俗の思想が生き生きと表現されているが、兆民は、「秋水」という語を最初は自らの雅号とし、その後最愛の弟子幸徳伝次郎にその雅号を与え、幸徳秋水と名乗らせたのだった。兆民がいかに中国の哲学や文化に傾倒していたかが理解できよう。その幸徳秋水は、「わたくしがはじめて大阪曾根崎の寓居に寄食していたときは、先生の洋書は、その大半を売りはらって、わずかしかのこっていなかったが、漢籍はまだ、数百巻を所蔵していた」と回想している。(二) 困窮の際もなお、兆民は中国の哲学や文化には敬意をはらっていた。西洋の知識を受け入れてからも、なぜ彼が漢学（中国哲学が中心だが）に強い関心を抱いていたのだろうか。それは第一に、西洋の学問的叙述を練り上げた日本語にするためには、漢学の素養は欠かせなかったからであり、第二に、視野が拡大し認識が深まるにつれ、漢学にも多くの合理性が内在することを発見したからである。長い歴史的蓄積によって日本人の思想や文化の一部となった漢学が、日本の新しい文化を形成するためにも重要な意義を有していたからこそ、兆民は中国哲学に近代的解釈を与えたのだった。

二、荘子哲学と兆民精神

天と人、是と非、相対と絶対、生と死などの問題について荘子の思想は人々を深い思索に導く。中江兆民は自らの社会的実践と西洋近代文化を通じ、荘子哲学に新たな意味付けをおこなうことで、「兆民精神」の重要な基盤とした。

1、「一年半は悠久なり」

一九〇一年の四月、喉頭癌を患い、医者から一年半の余命と宣告された兆民は、座して死を待つことなく、病魔と闘いながら『一年有半』『続一年有半』（兆民の唯物主義の体系である）を著し、それぞれ二十万部、十万部以上を売り上げ、論壇に大きなセンセーションを巻き起こした。中江兆民の哲学は日本の「唯物主義の源泉」と称されるが[二]、晩年のこの一年半の間、彼の思想は荘子哲学に深く影響され、いくつかの新たな見解を得ていた。

まず、生死はもとより無であるという思想への新解釈である。「孰《た》れか能く無を以て首と為し、生を以て脊と為し、死を以て尻と為し、孰《た》れか死生存亡の一体たるを知るものぞ。吾れ之と友たらん。」（『荘子』「大宗師篇」）とあるように、荘子は、自然から与えられた人間の生命は、最後には自然に回帰するものとみなしていた。つまり人間の生命は始まりも終わりも無いことになり、世俗を超越し、「死を視ること帰するが如し」といった達観が生まれるのである。ただ、こうした達観は、「如何ともし難きを知り、之に安んずること命の如し」（『荘子』「人間世篇」）という宿命論とも相通じ、一定の限界があることも否めないが、兆民は新時代の高みに立って、こうした荘子の思想を継承、発展させ、次のように述べる。「生時限りありて死後限りなし、限りあるを以て限りなきに比す短にはあらざるなり、始めよりなきなり。もし為すありてかつ楽むにおいては、一年半これ優に利用するに足らずや、ああいわゆる一年半も無なり、五十年百年も無なり、即ち我儕はこれ虚無海上一虚舟[三]」。ここでいう「無」は禅の「無」にも通じるものだが（兆民は『碧巌録』などの書を読んでいた）、やはり、荘子の「無」の思想からいっそう多くのものを学んだように思われる。ただ兆民は、荘子の思想からただ学んだだけでなく、同時に再解釈を加えている。第一に、荘子が生命現象を直感で捉えたのにたいし、兆民はダーウィンの進化論や細胞学、解剖学などの自然科学の知識に基づいて近代的解釈を付与した。第二に、荘子が生死の規律に順応することのみを説いたのにたいし、兆民は自然の法則を尊重しながらも、与えられた時間の範囲内で傑出した業績を残そうと努力したのだった。

　次に、人間の寿命の長短についての新解釈である。「小き年は大いなる年に及ばず。……上古に大椿というものありき。八千歳を以て春と為し、八千歳を以て秋と為せり。而るに彭祖は乃今、久しきを以て特《ひと》り聞し。衆人の之に匹《たぐ》わんとする、亦悲しからずや」（『荘子』「逍遥遊篇」）というように、長寿の人といえば八百歳の彭祖の名が挙がるが、「八千歳を以て春と為」す大椿と比べれば早死になるとして、荘子は長寿かどうかは相対的なものとした。兆民はこうした論理に潜む弁証法的側面を受け入れて、次のような見方を示した。「一年半、諸君は短促なりといわん、余は極て悠久なりという。もし短といわんと欲せば、十年も短なり、五十年も短なり、百年も短なり」、「人、七、八十にして死せば長寿というべし。しかれども死して以往は永劫無限なり、七、八十を以て無限に比せば如何に短促なるぞ。是において彭祖を夭とし、武内宿禰を短命とせざるを得ず」[四]。寿命の長短は、有意義な生き方で、社会に貢献できるかどうかこそが鍵だとする兆民は、西洋の自然科学知識や唯物主義をてこに、荘子の思想に含まれる消極性を克服し、そしてまたその死生観を揚棄したのだった。「余は高々五、六ヶ月ならんと思いしに、一年とは余のためには寿命の豊年なりと。この書題して一年有半というはこれがためなり」[五]という言葉に、なお人々のために精神的遺産を残そうする試みが読みとれる。

最後に、「方《なら》び生じ方《なら》び死し、方《なら》び死し方《なら》び生ず」（『荘子』「斉物論篇」）という命題の解釈である。荘子はこの命題によって、生と死とが相互に包含し、連関するものであることを説いたのだが、その相対性が強調されることで、生と死のそれぞれの絶対性が見過ごされることとなった。荘周が未だ明かしていない生死の道理があるとして、兆民は「方生方死」の命題に新たな解釈を加えた。「児生る、その生るるの瞬間より即ち徐ろに死しつつあるなり。何ぞや、その最長期たる七十、八十に向うて、進みて片時も休止することなければ、これ徐に死しつつあるというべし、何の不可かこれあらん」[六]。荘子の死生観に内在する相対主義的要素を克服し、逆にその弁証法的要素を発展させ、人体科学の原理に合致させたのは、現在から見ても、正しい方向だったといえる。

2、「世界は無限である」

『荘子』に、「有というもの有り。無というもの有り。未だ始めより無も有らずというもの有り。未だ始めより、夫の未だ始めより無も有らず、も有らずというもの有り」、「毛嬙と麗姫は人の美しとする所なり。されど魚は之を見て深く入り、鳥は之を見て高く飛び、麋鹿は之を見て決《たちま》ち驟《はし》る。四つの者は孰《いず》れか天下の正しき色を知らんや」。（『荘子』「斉物論篇」）という一節がある。荘子のこうした議論は、相対主義というマイナスの要素を含みながらも、一方深遠な洞察も示す。広大無辺の世界、無限の宇宙にたいし、人は「自己を中心に据える」ことで、かえってその限界を極大化することができるのである。

中江兆民はここから大きな啓示を受け、また自然科学の知識をも駆使して時代精神に富んだ次のような唯物主義的宇宙観を披瀝した。「元来空間といい、時といい、世界といい、皆一つありて二つなきもの、如何に短窄なる想像力を以て想像しても、これら空間、時、世界てう物に始めのあるべき道理がない、終のあるべき道理がない。また上下とか東西とかに限極のある道理がない。しかるを五尺駆とか、人類とか、十八里の雰囲気とかの中に局して居て、而して自分の利害とか希望とかに拘牽して、他の動物即ち禽獣虫魚を疎外し軽蔑して、ただ人という動物のみを割出しにして考索するが故に……この動物の都合の能い論説を並べ立てる」[七]。兆民のこの見解には、近代物理学や天文学の知識、および十八世紀フランス唯物主義の自然観が反映しているとともに、荘子思想とも密接に結びついている。荘子の語る宇宙の無限性や認識の相対性に、兆民は近代唯物論からの解釈をほどこしたのである。

三、荀子、王充、范縝と兆民の唯物論

兆民の唯物論は明治における最高水準に達していたが、そこには西洋近代思想と並んで中国古代の唯物主義思想も活用されていた。

1、『荀子』「天論篇」の新説

「天はきわめて公平で、私心のないものである。人を愛しても、自分は〝仁〟をほどこしていることを知らず、威を示しても、自分ではそのいかめしさに気づかない。だから、日も月も天をたよりにすぎていくのであり、雨や梅雨も天から降り、風や雷もここからおこり、四季が推移してゆくのだ。そして天は、はじめからそうしようという意図があるのではない。天は無私を本来の姿としているのであり、無意がその用途なのである。しかし、天ほど聡明で神智をもっているものはない」(八)。天を人格神とする天皇制を皮肉った兆民のこの文章は、政府が西園寺公望に、天皇の名の下に、東洋自由新聞社社長の辞職を迫ったことにたいする抗議として書かれたものである。ここにも中国古代の天についての議論が有機的に活用されているのがみられる。たとえば、『荀子』の「天論篇」には次のような一節がある。「天行常有り、堯の為に存せず、桀の為に存せず」。「列

星随旋し、日月逓《たが》いに炤《てら》し、四時代《こも》ごも御し、陰陽大いに化し、風雨博く施す。万物各おの其の和を得て以て生じ、各おの其の養を得て以て成る。其の事を見ずして其の功を見る、夫れ是れを之れ神と謂う。皆其の成る所以を知り、其の無形を知ること莫し。夫れ是れを之れ天と謂う」。「天」とは意志をもたず客観的に運行するものだとする荀子のこの思想を、柳宗元は「天説」において一歩進め、「天」には功過にたいして賞罰を与えるような役割はないとした。兆民のこの文章は、荀子の「天論」のような中国古代唯物主義の自然観についての新たな政治的な解釈だった。彼は唯物論によることで、思想における有神論を批判するだけでなく、政治における専制主義をも否定したのである。

2、『論衡』「論死篇」の新解

王充［二七～九七？］の哲学もまた兆民の唯物論の思想的源泉だった。儒家と道家の唯物的要素を吸収し、神学的目的論の批判を通じて元気自然論と無神論に到達した王充は、その哲学の戦闘性という点において、兆民と思想的に類似している。「天地気を合わせ、万物自ずから生ず」、「天は上に覆い、地は下に偃《ふ》し、下気は蒸上し、上気は降下し、万物は自ずから其の中間に生ず」（『論衡』「自然篇」）というように、王充は「元気」の自然発生論で万物の生成を説明しようとした。この思想的影響を受けた兆民は、『続一年有半』の中で次のように述べている。「余は繰返していう、この広大無辺の世界、この森然たる万物が、一個の勢力に由りて一々に造りだされたというよりは、従前他の形体を有せしものが自然に化醇して、この万彙に変じ来って乃ち自然に出来たというこそ、更に数層哲学的である」[九]。兆民のこの批判の論理は王充と符合するが、いっそう哲学的であり、また同時にブルジョワ的自由民権運動の政治的痕跡も認められる。「如し人死して輒ち鬼為らば、則ち道路の上、一歩一鬼ならん。人且《まさ》に死せんとし鬼を見ば、宜しく数百千万、堂に満ち廷に盈《み》ち、巷路を填塞するを見るべし、宜しく徒だ一両人を見るべからず」（『論衡』「論死篇」）と、有神論をわかりやすく批判する王充にたいし、兆民もまた霊魂不滅論を、「李四張三各々児子を遺して、而してその李四張三も死後霊魂独存して滅びないとすれば、これ霊魂国の人口は非常の滋息を為して、乃ち十億、百億、千々、万々、十万億と無限に蕃殖して、一箇半箇も滅することがないであろう」[一〇]と難じる。両者の論はこのように類似しているが、兆民が近代自然科学の基盤の上にたって王充の思想を独自のやり方で継承したのは明らかである。その結果、王充が中世の迷信を批判したのにたいし、兆民の思想的、政治的攻撃の矛先は近代の有神論、さらには天皇権力の神授説へと向けられたものだった。

3、范縝『神滅論』への着目

兆民は、六朝時代の傑出した唯物論者、無神論者である范縝〔四五〇?～五一五?〕からも思想的恩恵を受けている。范縝の『神滅論』での、「形は神の質、神は形の用、是れ則ち形其の質を称すれば、神其の用を言うなり。形と神とは、相異なるを得ず」、「神は則ち形なり、形は神なり。

是を以て形存せば則ち神存し、形謝すれば則ち神滅するなり」という鋭い見解を受け継ぎ、兆民は次のようにいう。「躯殻は本体である。精神は躯殻の働き即ち作用である。さればこそ躯殻一たび絶息すれば、その作用たる視聴言動は直にやむのである。即ち躯殻死すれば精神は消滅する、あたかも薪燼して火の滅ぶると一般である」。「精神とは本体ではない、本体より発する作用である、働きである。本体は五尺躯である、この五尺躯の働きが、即ち精神てふ霊妙なる作用である」（一一）。千五百年前の唯物主義哲学者范縝は、「体」「用」の二者と「形」「神」の二者とを連関させ、身体と霊魂との相互関係や性質、役割を詳しく解き明かしたが、それは二十世紀の初めになって中江兆民に継承、発展させられ、彼の唯物主義体系の主要な要素となった。范縝の「形質神用」の主張は当時の仏教哲学に大きな打撃を与えたが、近代医学や生物学を背景とした兆民の「精神は身体活動の一部」という観点も、資本主義的近代化を阻害し、封建勢力を支援する「唯心論」思想にたいする強い批判となり、霊魂不滅論を「虚霊派哲学士の言語的泡沫」（一二）と断じるのである。

四、『老子』『易』の弁証法と中江兆民の変革論

日本史上重要な変革期である明治時代に、中核的政治勢力であるブルジョワジーの思想家だった中江兆民は、哲学においても、政治においても、おのずと強烈な変革志向をもち、『老子』『易』の弁証法思想が兆民に吸収、活用されるのもまた自然なことだった。

1、「小能く大を変ず」日本の力

「難を其の易きに図り、大を其の細に為す。天下の難事は、必ず易きより作り、天下の大事は、必ず細より作る。是を以て聖人終に大を為さず、故に能く其の大を為す」（『老子』六三章）といった類の大と小とに関するこの弁証法は、「私が愛読した『老子』に、〝大国を治むるは小鮮を烹るがごとし〟とある」(一三)との言葉にみられるように、兆民の思想に深い刻印を残し、とりわけ政治、社会観に新たな視角を切り開くのに役立った。「世の人はいつもいう。〝身体が小さければ、その才能も大きくない。我国は大きくないから、人材もまたすくなくてもしかたがない〟と。これは、一を知って、まだ、その二を知らないものである。才などは学べばよいし、気概も養いうる。身体が小さいのに天命である。小国に生まれるのも、また天命である。しかし、人の命というのは、安んずべき点もあれば、知るべきこともあり、創造もあるのである。みずから養ってやめず、努力しておこたらなければ、小もまた大にかえられるし、薄いものも厚いものにかえられる」(一四)。「大」と「小」との差異は絶対的なものではなく、人間の努力と創造次第で、身体の「小」は才能の「大」に転化しうるというのである。こうしたロジックによって、日本人の民族的自信を高め、産業化された西洋国家と肩を並べるまで日本の近代化を加速させようとしたのだった。

2、「交際を尊ぶ社会」

中国哲学の重要経典である『易』には、弁証法が多く用いられている。「二気感応し以て相与にす……天地感じて万物化生す」（『易』「彖伝」）、「剛柔相推し、変其の中に在り」（『易』「繋辞伝」下）というように、万物の発展や変化において、対立する側面の相互作用が大きな意味をもつとされるが、とくに「一陰一陽之を道と謂う」（『易』「繋辞伝」上）というように、相対立する陰と陽との相互作用を宇宙の根本原理とするのである。

兆民は『易』に含まれる神秘主義的な要素は批判しながらも、一方で社会的な視点からその弁証法に次のような新たな解釈を加えた。「天地の道は、陰陽の二気が相交わるのを尊ぶ。文化がはじめて発達したのは、〝日中に市を為し、交易して退く〟（『易』「繋辞伝」下）ところにはじまったのである。思想や智識を交換しなければならないのは、日用物資を交換しなければならないようなものだ。社会が交際を尊ぶゆえんである。……国力が一つにならないのは、人びとの思想がまだよくたがいに通じあわないからである。政府、人民、朝野、上下の思想がまだたがいにあい通じていないからである。〝天地の交わる事を泰と言い、交わらざるこれを否という〟（『易』「雑卦」）。人の気血がふさがっていれば、病気になる。国に上下のへだたりがあれば、国は乱れる」（二五）。つまり、思想から、知識、物質、社会にいたるまで、相互作用なしに変化・発展はありえないのであり、そうしてはじめて日本は、閉鎖的な封建社会から、商品、そして思想・知識、どれも流動的で活発な資本主義社会へと変身しえたのだった。

兆民はまた、孔子の「正名」の思想に手を加えて、政治問題の分析に用いた。賛否が大きく分かれた共和制を実現すべきかどうかの問題について、こう論じている。「ちょっとしたちがいでもって千里の誤りが出てくる。心が寒くなるではないか。孔子はいった。〝必ずや名を正さん〟(『論語』「子路」)。名の混乱しているかぎり、数千万の国民を長く五里霧中にうろつかせ、出口をわからなくさせてしまうだろう」。(二六) 共和制にまつわる対立は日々先鋭化するばかりだが、そもそも「共和」という概念の理解に混乱があり、孔子の説くように、まず「名を正す」ことから始めて、人々の疑問を解かねばならぬというのである。唯物論的観点から孔子を再解釈した兆民の「正名」は、実際の状況に基づいて「名を正す」というものであった。

五、孟子の思想と中江兆民の自由民権論

信念に満ちた自由民権論者として近代日本の自由と民主を模索した兆民は、孟子に内在する合理的な要素を応用し、封建思想を批判する根拠とした。

1、「民を貴と為す」と民権説

兆民は「民を重しと為す」と揮毫したことがあるが、これは彼の思想が根本のところで孟子と深く結びついていたことを示している。中国古代の民本主義者孟子の「重民」の思想は以下のような語句に表れている。「民を貴と為し、社稷之に次ぎ、君を軽しと為す」(『孟子』「尽心」下)、「天下を得るに道有り、其の民を得れば斯に天下を得。其の民を得るに道有り、其の心を得れば斯に

其の民を得」［天下を得るにはやり方がある。民を得れば天下を得られる。民を得るにはやり方がある。その心を得れば民を得られる］（『孟子』「離婁」上）、「民の上と為りて民と楽しみを同じうせざる者、亦非なり。民の楽を楽しむ者は、民も亦其の楽を楽しむ。民の憂いを憂う者は、民も亦其の憂いを憂う。楽しむに天下を以てし、憂うるに天下を以てす、然り而して王たらざる者、未だ之有らざるなり」［民の上に立つ者は、民の楽しみも憂いも共にすべきであり、そのようにすれば必ず王者となりうる］（『孟子』「梁恵王」下）。柳宗元は、歴史の発展は天意や聖人の意志によって決定されるのではなく、「生民の意」、つまり人々の願望や物質的欲求こそが歴史を左右するとした。「官は民の僕」というのもそうした認識の表れである。孟子や柳宗元は、民こそが国家存続の基盤であり、民心の尊重ぬきには国家の発展、繁栄はあり得ないと見抜いていたが、彼らの思想に多大な影響を受けた兆民は、晩年にこんな言葉を漏らした。「民権これ至理なり、自由平等これ大義なり。これら理義に反する者は竟にこれが罰を受けざる能わず、百の帝国主義ありといえどもこの理義を滅没することは終に得べからず。帝王尊しといえども、この理義を敬重してここに以てその尊を保つを得べし。この理や漢土にありても孟軻、柳宗元早くこれを覰《しょ》破せり、欧米の専有にあらざるなり」(一七)。これは明らかに孟子や柳宗元の思想への近代的な再解釈である。孟子の「民を貴しと為す」、「民と楽を同じくす」、そして柳宗元の「生人の意」「官は民の僕」といった考えは、古代・中世の封建王朝が交代を繰り返すことへの初歩的な解釈となっているが、結局は、封建統治者の安定をはかる「良策」であり、民を保護しようとするものではなかった。それに対し、「民権」「自由」「平等」

といった概念は、近代資本主義の進展とともに生まれ、ブルジョワジーの利益や政治的要求を反映しながら、体系的な理念として形成されてきたものであり、当然ながら封建的なあり方への厳しい批判を内在させている。理論的にも政治的にも本質的に異なっているにもかかわらず、兆民が孟子や柳宗元の近代的解釈を試みたのは、第一に、彼自身の中国思想への思い入れによるものであり、第二に、欧州で生まれた「自由」や「民権」「平等」の概念は日本に適合できないとの議論に反駁して、封建勢力と対決する自由民権運動家を支援するためのものだった。孟子の「重民」思想を西洋近代の自由、平等、民権の思想に付会するのはまた、兆民が、ルソーの名著『社会契約論』を翻訳するための土壌を準備する意味もあった。「蓋し政なるものは時と推移し、人情に逆わざる、斯れ美なりと為す。語に曰く、〝善者は之に因り、其の次は之を利道し、最も下なる者は之と争う〟と。故に唐虞は禅《ゆず》りて興り、燕噲は譲りて亡び、禹は子に伝えて万世帝王の法と為る。訟獄と謳歌と、亦た以て民心の嚮《むか》う所を見るに足る」（一八）と、漢文訳の『民約訳解』の序言で民心の動向を強調しているが、それは孟子の「其の心を得ば、便ち其の民を得」という考えを受け入れていたことに他ならない。

2、「浩然の気」と「心神の自由」

孟子のいわゆる「浩然の気」についても、兆民は解釈を加えた。『東洋自由新聞』の社説の中で、彼は自由を行為の自由と心神の自由とに分類する。行為の自由とは、身体、思想、言論、集会、出版、民事、そして政治参加の自由などを指し、心神の自由とは、「わが精神や思想が、けっして他のものの束縛をうけず、完全に発達しきって、あますところがないのをいうのである。古人がいったように、道義に合致した、いわゆる〝浩然の一気〟がこれである」(一九)というもので、後者の方がより重要とされる。孟子のいう浩然の気とは、精神の修養を正しくひたすら積み重ねれば、天地の至る所で力強い働きを発揮するというもので、道徳意識に支配されることで、何ひとつ恐れないような心理状態になることである。兆民は、啓蒙思想家ルソーの自由の理論にもとづいて、これを大胆に読み替え、無限で絶対的な精神の自由を指すものとしたのだった。あらゆる封建精神の束縛をうち破ろうとする近代日本のブルジョワジーの意気込みが伝わってくる。

その生涯の著作からみれば、中江兆民はなにより自由民権運動の理論家であり、哲学は副次的位置を占めるもので、職業とするものではなかった。政治的迫害に加え、経済的困窮のため、思索や執筆には多くの制約もあった。さらに、伝統文化が近代化に遭遇する初期の段階では、避けられないことではあろうが、その理論も本来自由民権運動のためのものであり、中国哲学の解釈には牽強付会の面がみられる。

中江兆民が中国哲学を参照したことは、大きな意味をもっている。東洋文化の近代化がたんなる西洋化ではなく、むしろ西洋文化を学習することで、東洋伝統文化の宗教観、死生観、自由観、歴史観、そして弁証法などにおける合理的思考の発見を可能としたのである。伝統の合理的な部分を再構成することで、東洋の近代化の要請に応えたのだった。

【第二章注】

(一)幸徳秋水「兆民先生」(『日本の名著　幸徳秋水』中央公論社、一九七〇年、一七二頁)。
(二)古田光・鈴木正編『近代日本の哲学』北樹出版、一九八三年、一〇〇頁。
(三)中江兆民『一年有半・続一年有半』岩波文庫、一九九五年、一九頁。
(四)『一年有半・続一年有半』一九頁、四一頁。
(五)『一年有半・続一年有半』一八頁。
(六)『一年有半・続一年有半』四一頁。
(七)『一年有半・続一年有半』一一三頁。
(八)「天の説」(『日本の名著　中江兆民』一九七〇年、九六頁)。
(九)『一年有半・続一年有半』一三八頁。
(一〇)『一年有半・続一年有半』一二〇頁。
(一一)『一年有半・続一年有半』一二〇〜一二一頁、一一六頁。
(一二)『一年有半・続一年有半』一二三頁。
(一三)「小大遠近の説」(『日本の名著　中江兆民』八一頁)。
(一四)「小大遠近の説」(『日本の名著　中江兆民』八二頁)。
(一五)「思うに想はよろしく隠匿すべからず」(『日本の名著　中江兆民』八五頁)。
(一六)「君民共治の説」(『日本の名著　中江兆民』七二頁)。
(一七)『一年有半・続一年有半』五六頁。
(一八)「『民約訳解』叙」(『中江兆民全集』第一巻、岩波書店、一九八三頁、一三一頁)。

（一九）「社説」（『日本の名著　中江兆民』六三～六四頁）。

第三章　東西哲学融合の独創——西田幾多郎と中国哲学

西洋の近現代哲学の伝播と呼応して、専門職としての哲学者が日本に登場した。西周、中江兆民の経験を踏まえ、中国哲学の新たな局面を切り開いたのは西田幾多郎（一八七〇〜一九四五）である。中国哲学の理論を、西洋近現代哲学の観念、方法と結びつけ、近代日本で最も重要、かつ精緻な哲学体系を構築した西田は、「東洋の伝統思想を近代化したばかりでなく、世界化を果たした」（一）と賞賛されている。日本の近代哲学を頂点にまで高めた西田が、多くを西洋哲学の観念や方法に負っていることは、中国、日本の多くの研究者がすでに論じていることであり、ここでは触れない。西田は西洋文化のみならず東洋の文化、とくに中国哲学に通じており、そうした知識が彼の哲学にどのような影響を与えたか、それがここで検討すべき問題である。

一、「東洋には東洋の哲学がある」

東洋の一国、日本で生まれ育った西田は、幼い頃より経書を学び、中国伝統文化に慣れ親しんでいたが、西洋哲学に接した後には、中国伝統文化全体をきわめて独特な観点から捉え直した。文化の主体意識を強く抱く哲学者として、彼は西洋哲学をなぞるだけでは満足せず、新たな「東洋哲学」を創建しようと決意したのだった。

1、「窗前好んで道家の冊を読む」

漢学教育を受けた世代を親にもつ西田は、早くから中国の哲学や文化と関わりをもっていた。「私はたしかに書物が好である。それは子供の時からの性僻であった様に思ふ。極小さい頃、淋しくて恐いのだが、独りで土蔵の二階に上って、昔祖父が読んだといふ四箱か五箱ばかりの漢文の書物を見るのが好であった」(二)と思い出を語っているが、十四歳の時にに、当時七十余歳だった篤学の儒学者、井口孟篤の下で、『詩経』『左伝』『爾雅』などに接した。金沢の第四高等学校在学中は、道家の哲学にひかれて次のような詩を残した。

功名栄利の心を除去し、閑処を尋ね塵襟を解くを得、
窗前好んで道家の冊を読み、明月清風俗塵を払う。〔原漢文(三)〕

功名を軽視し、孤高を尊ぶ道家の姿勢がみてとれる。西田はまた、四高の友人たちと、詩歌や旅行記、論文などを発表しあう「尊我会」という集まりを組織したが、その時用いた「有翼生」

という筆名について、その意味を尋ねる友人に、こう答えた。「生猶然として笑て曰く、子独り鳥翼あるを知りて人亦翼あるものあるを知らざるなり。子聞ずや昔者荘周夢に胡蝶となり栩々然《くくぜん》として花に戯れ露をのむと。今其書を読み其為人を察するに、形体を離れ聡明を黜《しりぞ》け深く寥天の一に入り、あるが如く又なきが如く、往て往く所を知らず、止て止る所を知らず、飄々乎《ひょうひょうこ》として蝶の空に舞うが如く、当時諸侯の威を以てして尚致す能わざるなり」(四)。西田は荘子の脱俗、自由の精神を好んでいたが、その影響もあって、ほどなく、自由を抑圧する官僚的な四高の雰囲気に反発し、親友の山本良吉とともに退学する。

病気療養につとめていた時期、西田はもっぱら読書と思索にふけり、道家思想への理解を深めていった。とりわけ荘子の哲学は自らの精神のよりどころだった。「病中叙懐」と題する文章には次のようにある。「雲霓《うんげい》を仰ぎ望むに、油然として起こり、忽然として没す。黄鳥を俯して見るに、其の声宛転として、其の律六呂たり」、「吾之を荘子に聞けり、古の真人は天と徒と為る、故に水に入りて濡れず、火に入りて熱しとせず。夫れ天に従う者は其の生に安んず、故に求むる無し。夫れ唯求むる無し、故に其の楽しむや悠悠たり。天に逆らう者は其の生に安んぜず、故に求めて飽かず。夫れ唯求めて飽かず、故に其の憂うや戚戚たり。夫れ雲霓と黄鳥と皆灰心を稿形す、臂を以て弾と為すも怒らず、尻を以て輪と為すも怨まず、超然として方外に遊び、自然に任せて疑わず、天地の外に参じて、深く寥天の一に入る、是れ荘子の所謂真人なり」(五)。「超然と方外に遊び、自然に任せて疑わず」という荘子の精神を理解することで、西田は病中の苦悩から救われ、また、妻との離別や四高の辞職で受けた精神的打撃をもやわらげることができた。さらにそれは、仏教哲学を受け入れる土壌にもなった。

西田は道家思想への深い理解ばかりでなく、先秦時代の弁証法にも知識があった。有翼生の筆名で次の文章を残している。「方有らば即ち円有り、黒有らば即ち白有り、方円相集まりて万形出で、黒白相合して万色生ず。夫れ円なる者は形の因る所、黒色なる者は色の本とする所なり。方円愈いよ相交わりて其の形益ます奇なり、黒白愈いよ相混ざりて其の色益ます妙なり、乃ち知る相反すること愈いよ大なること有りて変化愈いよ生ずるを。変化愈いよ生じて天工能を窮む。嘗て試みに春を以て秋に比すに、夫れ春は則ち和気氤氳《いんうん》にして東風喧和し、山野菁菁にして万物萌動す」［原漢文］(六)。これは『韓非子』および『易経』の次の一節からの転用であることは明らかである。「形有らば則ち短長有り、短長有らば則ち小大有り、小大有らば則ち方円有り、方円有らば則ち堅脆有り、堅脆有らば則ち軽重有り、軽重有らば白黒有り」（『韓非子』「解老」）、「天地絪縕《いんうん》して万物化醇す」（『易』「繋辞伝」下）。

旧制高校の時だけでなく、西田は一生を通じて中国哲学に関心を抱き続けた。たとえば、明治三十年（一八九七年）の日記では、表紙に『孟子』の「富貴淫する能わず、貧賤移す能わず、威武屈する能わず」という言葉を書きつけて研究や生活上の座右の銘とし、十二月のある日の項にも、「『四書』、老荘、王陽明」といったことが書きとめてある。翌年の日記からは、この頃西田が孔孟思想、老荘哲学、陽明学などに大きな関心を寄せていたことが窺われる。さらに、明治三十八年（一九〇五年）四月六日付けの日記には、「孔子についての研究を（鈴木）大拙に送る」とあり、明治四十年（一九〇七年）一月には、王陽明の哲学的詩、「人人自ら定盤針有り、万化の根縁は総て心に在り。却って笑う従前顛倒して見、枝枝葉葉外頭に尋ねしを」（「詠良知」）を日記に写している。一八九七年から一九〇七年にかけての十年間は、西田がその代表作『善の研究』を構想、執筆した重要な期間だが（『善の研究』の第二章、第三章は四高での倫理学の講義である）、このように中国哲学への深い関心を保持し、思想的に大きな恩恵を受けていたのだった。

2、老荘の教えと儒教

中国古代の典籍に接するだけでなく、西田はその哲学の研究をすすめ、「形而上学の立場から見た東西古代哲学の文化形態」「日本文化の問題」などの著作で中国哲学や中国文化への彼の見方が示されている。

西田は中国古代の個々の学派の思想について分析をおこなった。儒家については、礼教こそ儒家の本質と考え、次のように述べている。「孔孟の教というも礼教の内面化せられ抽象化せられたものであって、礼教を離れて理解すべからざるものではないかと思う。如何なる民族の文化も始はジッテという如き形態を有ったものであったらう。その発展するに従って或は哲学的に、或は宗教的に深められ、広げられて行くのである。併しシナではジッテそのものとして発展したものの様に思われる。……『礼記』の礼運篇に礼必本於天とある。……孔子も天生徳於予桓魋其如予何と云い又天命を畏れると云って居る。又『中庸』には天命之謂性、率性之謂道、脩道之謂教という(七)」。「儒教の根本になる天は一寸考えると客観的なもののような風に考えられるが、天道は人間から考えたもので、天道と人道とひとつであるというのが儒教の考である(八)」。「儒教の天というのは教の根元として道徳的なものである……(九)」。西田の儒教理解はおおむね正確だった。とりわけ、儒家哲学が倫理道徳と密接に結びついてきた伝統は、彼の哲学に顕著な影響を与えている。

道家の天については、西田は儒家の天とは異なるものと考えた。天は「老荘に於ては、それは明に無である、無が天地の始と考えられるのである」とし、「礼教的なる儒教にはかかる自然の考を見ることはできない」と断じ(一〇)、さらに、先秦道家哲学の認識論の限界を次のように指摘した。「老荘の教は人間社会の是非善悪という如きものを否定して、その自然に復帰するというにあった、所謂文化という如きものを否定するにあったと思う。それはイスラエル人の信仰という如きものを否定するのみならず、ギリシャ人の叡智という如きものを否定するのである。……絶学無憂という。その結果、後の道家に於ての様に却って感官的なるものになったかも知れぬが、それは固より単なる自然主義というものでなく、すべてを否定して幽玄なる天地の根源に復帰するという意味であった(一一)」。

老荘思想と仏教との異同も論じた。「老荘の考と仏教の考と相近づいてくるのであるが、知的なるアリヤン民族から生れた印度宗教の無の思想は知的であった、知を以て知を否定した否定であった。然るにシナ文化の無の思想は行的であった、行を以て行を否定した否定であると考えることができる」（一二）。「老子の天地の始という無もかかる意味を有ったものでなければならない。併し絶対の否定は即絶対の肯定でなければならない。大乗仏教に於ては柳は緑に花は紅の思想に至り、老荘に於ては自然を尚び無為にして化すと云う。無の思想は一面に遁世主義となると共に、一面に感官主義となる傾向すら有って居るのである」（一三）。西田は道教の歴史的な地位を、「儒教と並んでシナ文化の一大源流と考えられる」としていた。中国の伝統文化といえばもっぱら儒家文化を指し、道家文化など想起もされなかった当時の日本で、西田のこのような見方を可能にしたのは、京都大学に中国文化にたいする好意的な雰囲気があったことと、西田自身の中国哲学全体への真摯な関心、そして若いときからの老荘への傾斜のためであった。

　西田はその他さまざまな中国古代の哲学にも言及している。たとえば、法家については、「支那でも韓非子や管子等の法家の思想が出て居るが、併し西洋の法の考えとは非常に異なる所のあるものである」（一四）、「シナの古代にも法家というものがないではないが、遂にローマの如く法律というものの発達せなかった」（一五）と嘆き、墨家にたいしては、「墨子は明鬼篇に於ては鬼神の存在を論じ、又天志篇に於て天鬼という如きものを説いて居るが、それもキリスト教の人格神という程のものでもない」（一六）と指摘している。さらに禅宗にも触れ、「禅というものは仏教といえども支那文化的なるものと思われる」（一七）と位置づけたうえで、「禅は毫も科学的経験と相容れないものではない」（一八）として、自らの哲学体系の中に独自の解釈を加えた禅学の思想を盛り込んだ。

　西田は中国哲学、文化に対する全般的な評価を次のように下す。「天、自然が支那文化の中心になっている」(一九)。「その自然というのはキリスト教に於ての様に悪というものでもなく、近世科学に於て考えられる様な物質という如きものでもない。それは日月星辰の由って運行する所、天地万物の根源にして又人道の本元である。天道と人道とは一である。それは社会的行為の底に考えられる自然の理であった」(二〇)。篤実な哲学者として西田は中国哲学が終始日本文化に重要な影響を与え続けてきた事実を率直に認めていた。「シナ文化の我国に入ったのも、歴史の伝う所によれば応神天皇の昔、王仁の論語十巻千字文一巻を献ぜしに始まる、或は既にその以前から入っていたのかも知れない。併しシナ文化の我国の古代文化に影響したものは、儒教的なものではなくして寧ろ制度的なもの、文学的なものであった。儒教は却って徳川時代に於て社会的勢力となったと思う。日本の芸術や文学がシナ文化の影響を受けながらも、如何にそれが日本的なものに形成せられたかは今更此に喋々するまでもない。後世我国に行われた儒教というも、それは礼教的なるものではなかった、それは寧ろ宋学的なものであった」(二一)。日本において、現代でもなお人々の感情を揺り動かし続けている以上、儒教を始めとする中国哲学は、博物館の展示品ではなく、今も社会を発展させるための人々の情念の根源になっていると西田は説いているのである。注目されるのは、西洋を盲目的に受け入れ、中国の哲学、文化をないがしろにしてきた日本の近代を、次のように批判していることだ。「近頃、東洋文化は教であり、西洋文化は学であるとして、東洋文化と西洋文化とが区別せられる。西洋文化が単に学であるとは云われない。併し東洋文化、特に支那文化は教であった、今日の学と称すべきものはなかった。私は決して教を軽視するものではない。併し東洋文化の根抵には西洋文化に勝るも劣らざる貴いものがあるのであるが、弱点はその学として発展せなかったのにあると思うのである」[二二]。ここでいう「教」は中世の礼俗、習慣を指し、「学」は自然科学とも調和する理性を備えた哲学や方法論理などを指す。「欧州中心論」の立場から、中国哲学を始めとする東洋文化にみられる合理性を否定する人々にたいし、西田は反駁しているのである。「西洋一辺倒」の近代日本にあって、中国哲学についてのこのように客観的で透徹した認識は、たしかに得難いものである。晩年の西田は、「大道通長安〔大道長安に通ず〕」という額を揮毫するほど、中国哲学への憧憬をあからさまにするようになる。

中国の伝統思想、西洋哲学双方に通じ、また哲学者でも文化研究者でもあった西田は、広い視野から中国哲学を考察し、多くの啓発にみちた卓抜な観点を示すことができた。反面、「西洋文化と東洋文化を大きく区別すると、客観的と主観的であり、空間的と時間的、有形的と無形的というように区別することが出来る」、「支那の文化も東洋的で主観的である」[二三]といった、いささか偏った見方もないわけではない。たしかに『孟子』は主観的な内省を重視しているが、『荀子』は客観的な観察を重んじたし、無を基本とする『老子』の哲学にたいし、有を基本とする王夫之もいたのである。

3、東洋の哲学者としての企図

『善の研究』の中国語版の序で、西田は西洋哲学を単純に模倣することの不満を示し、東洋文化の伝統を踏まえ新たな東洋哲学を樹立する決心をこう述べている。「哲学は学問である。学問は理性に基づき、誰もが認める真理でなければならない。哲学の真理に、古今、東西の別はないが、一方、哲学は学問であるとともに、人々の感情、生命を表現する芸術、宗教でもある。この意味で、西方には西方の哲学があり、東方には東方の哲学がある。われわれ東洋人の哲学はわれわれの生命表現であり、数千年にわたりわれわれを育んできた東洋文化の結晶である。学問の形式においては西洋から哲学を学ばねばならないが、その内容においてはわれわれ自身のものである。自らの宗教、芸術、哲学を信頼することにおいて、われわれは西洋に優りこそすれ、遅れをとることはないのである」[二四]。形式は西洋から学ばねばならないが、内容は自前のものか、あるいは東洋伝統文化の延長にあるとする立場は、『善の研究』の出発点であるとともに、西田哲学全体の立脚点でもあった。つまり、東西文明の融合こそ、西田哲学の最大の特色であり、また最大の歴史的貢献でもあるのだ。そして彼の言う「東洋文化」とは、日本の歴史に絶えず影響を与え続けた中国哲学をまず指すものであるのは当然である。

二、荘子哲学と「純粋経験」

『善の研究』は西田の出世作であり、彼の哲学体系を示す代表作でもある。一九三七年の講演で、こう述べている。「私は初に『善の研究』を書いた。夫以来今日までかなり長い年月を経ている。

そうして色々に変化しているが、根本の精神は『善の研究』に既に芽を出して現れていると言ってもよい」[二五]。本節および次節、次々節では、この『善の研究』から、中国思想の西田への影響を検討する。

1、「純粋経験」

「純粋経験」は『善の研究』の中心概念だが、西田はそれを次のように説明している。「経験するというのは、事実其儘に知るの意である。全く自己の細工を棄てて、事実に従うて知るのである。純粋というのは、普通に経験といっている者もその実は何らかの思想を交えているから、毫も思慮分別を加えない、真に経験其儘の状態をいうのである。……純粋経験は直接経験と同一である。自己の意識状態を直下に経験した時、未だ主もなく客もない、知識とその対象とが全く合一している」[二六]。明らかに西田は、ヴントやショーペンハウエルなど西洋近代哲学の影響を受けている。「純粋経験」という言葉そのものは、アベナリウスの経験批判主義やウィリアム・ジェームズのプラグマティズムに由来し、とりわけジェームズの「意識の流れ」の思想からは多くのことを学んだ。原始的で混沌とした感覚の流れと、主観的思想の流れである意識の流れは、人間の生活の中で生まれる経験である。個人の志向や関心によって分化することで、途切れることのない流れは実体となり、千差万別の現象世界を構成するのである。

「純粋経験」の概念、方法、内容、そのいずれも西洋近代文化に根ざすものだが、「東方の哲学」、「新世界文化」を創造しようという哲学者が、自分の哲学体系を西洋哲学の翻案のままにするはずがなく、東洋文化を背景に西洋文化を吸収することで、両者を昇華させようとしたのである。その結果、西田の「純粋経験」理論の根底には、中国哲学が密かに息づくことになったのである（当然、「純粋経験」は西田の禅学の体系とも関連している）。

2、「物我一体」と「経験」

「天地も我と並び生じて、万物も我と一為り」（『荘子』「斉物論篇」）というのは、人間と自然との客体的整合性を強調する、よく知られた荘子の考えだが、事物の相対性を重視しすぎるきらいがある。西田はこの考えを次のように改めた。「元来物と我と区別のあるのではない、客観世界は自己の反影といい得るように自己は客観世界の反影である。我が見る世界を離れて我はない。天地同根万物一体である」(二七)。「右の如き状態においては天地ただ一指、万物我と一体である」(二八)。荘子の「物我一体」というのは、方法論の視点からいえば、絶対主義に反対し、世界の全体性、連関性、そして認識の相対性を強調するものである。西田はこの荘子の思想を揚棄し、西洋の経験論哲学や心理学と結びつけて、「純粋経験」内部の主客の全体性、不可分性を説明しようとした。荘子の「物我一体」の思想の近代的意義を、唯心的視点から再発見したのである。「凡て最初の感覚は少児に取りては直《ただち》に宇宙其者でなければならぬ。この境涯においては未だ主客の分離なく、物我一体、ただ、一事実あるのみである。我と物と一なるが故に更に真理の求むべき者なく、欲望の満すべき者もない……。然るに意識の分化発展するに従い主客相対立し、物我相背き、人生ここにおいて要求あり、苦悩あり、人は神より離れ、楽園は長《とこし》えにアダムの子孫より鎖されるようになるのである。しかし意識はいかに分化発展するにしても到底主客合一の統一より離れることはできぬ、我々は知識において意志において始終この統一を求めているのである」(二九)。

西田は荘子の「物我一体」の思想によって、「純粋経験」における主客の統一性を説明したが、それは宇宙本体論の特色をもち、また同時に、意識の分化、発展の方向、そして知識論の目的をもつものだった。西田の唯心主義哲学体系のなかで注目すべきなのは、宇宙と人間、つまり認識の主体と客体の同一性を重視していることだった。「物我一体」の思想の活用によって、「純粋経験」は西洋近代哲学の理論水準に達しただけでなく、東洋文化の特色も保持することになったのである。

3、「坐忘」と「知的直観」

西田はまた、「純粋経験」を説明するために、「知的直観」などの概念を用いた。「知的直観」は、「普通に経験以上といっている者の直覚である。弁証的に知るべき者を直覚するのである」、「知的直覚とは我々の純粋経験の状態を一層深く大きくした者にすぎない」(三〇)と説明されているが、この「知的直観」にもまた荘子の哲学が活かされていた。それは荘子の「坐忘」の思想である。「肢体を堕《やぶ》り、聡明を黜《しりぞ》け、形を離れ知を去り、大いなる通と同じくす、此を坐忘と謂う」(『荘子』「大宗師篇」)。この一節には郭象が説得力ある注釈をつけている。「夫れ坐忘とは、奚《なん》ぞ忘れざる所あらんや。既にその迹を忘れ、又其の迹する所以を忘れ、内は其の一身を覚えず、外は天地有るを識らず、然る後曠然として変化体と為り通ぜざる無し」。

修養に専心し、一切の知識や感覚を捨象し、さらに直覚によってすべての事物、是非の対立、相互の差異、主客の弁別を閑却することで、天地万物が渾然一体となった境地に達しようとするのが、荘子の考えだった。西田はこの「坐忘」の直覚の理念を取り入れ、次のように述べる。「真の知的直観とは純粋経験における統一作用其者《そのもの》である……純粋経験説の立場より見れば、こは実に主客合一、知意融合の状態である。物我相忘じ、物が我を動かすのでもなく、我が物を動かすのでもない、ただ一の世界、一の光景あるのみである。知的直観といえば主観的作用のように聞えるのであるが、その実は主客を超越した状態である……」(三二)。「知的直観論」は元来西洋近代哲学の啓発を受けたものである。ショーペンハウエルは、世界の本質を認識するには、理性や論理的思考ではなく、ただ直覚が唯一のやり方であるとした。彼の言う直覚とは、意志を原動力にし、また、意志を目的とするものである。一方、心の修養によって、主客合一、万物統一に達する東洋の直覚思想は、老荘哲学に意義深い基盤を提供した。長年にわたり参禅してきた西田が重視し、深い影響を受けたのは、後者の方であるが、彼は西洋近代哲学によって荘子の「坐忘」の直覚思想を、より主知的な「知的直観」に再解釈したのだった。

西田はさらに「坐忘」の思想を「実在」について論述する際にも用いた。「直接経験の上においてはただ独立自全の一事実あるのみである。見る主観もなければ見らるる客観もない。恰も我々が美妙なる音楽に心を奪われ、物我相忘れ、天地ただ嚠亮《りゅうりょう》たる一楽声のみなるが如《ごと》く、この刹那《せつな》いわゆる真実在が現前している」(三二) とするように、「真実在」を把握するには、理性による論理的思考でも、あるいは、ショーペンハウエルの言うような意志の直覚でもなく、荘子の「坐忘」のような東洋的直覚によるとしたのである。西田が「坐忘」の方法をいかに重視したか理解されよう。

三　陽明学と「真実の自我」

明治維新後、日本の思想近代化の過程で、封建主義の束縛を解き払い、新時代に適応した「近代化された個人」の精神を創出することは、明治人にとって解決を迫られていた共通の課題であった。明治の知識人として西田は、この課題に真剣に取り組み思索を重ねたのである。つまり、西田哲学こそが「日本の急速な「近代化」に由来する混乱と焦燥の中で、日本における「近代的個人」の精神的支柱を索めて出発した哲学である」(三三)。よって西田の「純粋経験」思想の深層には強烈な日本近代の「自我意識」が存在している。一方陽明学は中国明代の唯心主義哲学ではあるが、人間の自覚的精神を強調し、古代の聖人［孔子］の絶対的権威を否定し、思想解放を促す要素を内包している。そのため、陽明学は、明治維新では、積極的な役割を果たしたが、もちろん、また西田の「自我意識」の思想的来源にもなったのである。

1、「心外に理なし」と「同一の理」

王陽明［一四七二〜一五二八］には重要な思想がある。すなわち、「心外に物なく」、「心外に理なし」である。これは心と物は体を同じく、物は心を離れて存在し得ず、心も物を離れて存在し得ないことを意味する。霊明なる心を離れては、天地万物は存在しないし、天地万物を離れては、霊明なる心も存在しない、心の本体は、天理であり、事はそれぞれに異なるが、理は心に備わるのである、つまり心はすなわち理なのである。

西田は創造的にこの思想すなわち陽明学を吸収したのである。彼は「人は皆宇宙に一定不変の理なる者あって万物はこれに由って成立すると信じている。この理とは万物の統一力であって兼ねてまた意識内面の統一力である」、「我々のいわゆる客観的世界と名づけている者も、幾度か言ったように、我々の主観を離れて成立するものではなく、客観的世界の統一力と主観的意識の統一力とは同一である、すなわちいわゆる客観的世界も意識も同一の理に由って成立するものである。この故に人は自己の中にある理に由って宇宙成立の原理を理会することができるのである。もし我々の意識の統一と異なった世界があるとするも、此の如き世界は我々と全然没交渉の世界である。苟も我々の知り得る、理会し得る世界は我々の意識と同一の統一力の下に立たねばならぬ」と言っている。(三四)

西田がここで言う「(不変の)理」、「同一の理」とは、王陽明の「心外の理なし」とフィヒテ［一七六二〜一八一四］の「自我」哲学、シェリング［一七七五〜一八五四］の「同一哲学」などのヨーロッパ近代哲学とを融合したものである。王陽明の「心外に理なし」とはすなわち「心」を主体と客体、人間と自然を統一する根拠としているのである。フィヒテは「自我」を世界の出発点とし、「自我を自分自身に打ち建て」、「自我を非我に打ち建て」、「自我を自分自身と非我に打ち建てる」ことを提起した。シェリングは「自我」と「非我」、主体と客体、思惟と存在を融合して同じものと見做し、このような「絶対的同一性」すなわち自我意識を提起したのである。西田は、中国哲学と西欧近代哲学を吸収、改造して作り上げた「同一の理」を通して、唯心主義的形式によって西欧文明を超越しようとした日本近代の「自我意識」を表現した。

　王陽明は「心外の理なし」という説を論証した時、更に花を見ることを例としてあげ、客観的事物は心に知覚されなければ、ないも同然であることを証明した。「先生南鎮に遊ぶ。一友岩中の華樹を指して曰《いわ》く、天下心外の物無し、此《こ》の華樹の如《ごと》きは深山の中に在《あ》りて自《おの》ずから開き自《おの》ずから落つ、我が心に何ぞ相関《あいかか》わらんや、と。先生曰《いわ》く、你未《なんじいま》だ此《こ》の華を看《み》ざる時、此《こ》の華は汝の心と寂に帰す、你《なんじ》来りて此の華を看《み》る時、すなわち此《こ》の華は顔色一時に明白になり起り来たりて、すなわち知る此《こ》の華の你《なんじ》の心の外に在らざることを。［先生が南鎮【会稽山】に遊ばれた。或る友が岩に生えた花樹を指さして言った、「天下には心外の物は存在しない。この花は深山の中で自ずら開き自ずから落ちる、私の心にどうして関わるだろうか」と。先生が仰った、「あなたがこの花をまだ見ていない時にはこの花はあなたの心と共に静寂に帰していた。ところがあなたが来てこの花を見る時、この花は色が一気に鮮明になっていき、この花があなたの心の外にないことがわかるのだ」と］[三五]。

西田は此《こ》の花の例とその思想を引用して、次のように「我々の所謂事物を認識するというのは、自我と事物が一致することをいうに過ぎない。花を見る時、すなわち自我は花と成るのである」と言っている。これによって「心」と「物」との関係という問題において、西田が王陽明哲学から多くの滋養を確かに吸収したことがわかるのである。

2、「良知を致す」と「宇宙の本体」

王陽明には他にも重要な思想がある。すなわち「良知を致す」である。

王陽明は「蓋《けだし》し良知は只《た》だ是《こ》れ一個の天理の自然に明覚発見する処、只《た》だ是《こ》れ一個の真誠惻《そく》怛《だつ》、便《すなわ》ち是《こ》れ他の本体なり。故《ゆえ》に此《こ》の良知の真誠惻怛《そくだつ》を致して以《もっ》て親に仕うれば、便《すなわ》ち是《こ》れ孝、此《こ》の良知の真誠惻怛《そくだつ》を致して以《もっ》て兄に従えば、便《すなわ》ち是《こ》れ弟、此《こ》の良知の真誠惻怛《そくだつ》を致して以《もっ》て君に事《つか》うれば、便《すなは》ち是《こ》れ忠。只《た》だ是れ一個の良知、一個の真誠惻怛《そくだつ》なり、と[思うに、良知とはただ天理が自然にはっきりと現れるところであり、真誠惻怛であり、すなわちその本体である。そういうわけだから、この良知の真誠惻怛を発揮して、親に仕えるならば、すなわちこれが孝であり、この良知の真誠惻怛を発揮して、兄に仕えれば、すなわちこれが悌であり、この良知の真誠惻怛を発揮して、君に仕えれば、すなわちこれが忠である。これらは良知であり、真誠惻怛である]」と言っている。(三六)

王陽明はこのように「良知」はすなわち個人の内在する主観的道徳意識であり、最高の本体であると考えていた。だから彼の「良知を致す」は本体論と道徳修養方法とを統一しようとしたものである。西田はこの点に非常に興味を示し、それを自己の哲学体系の中に融合させようとした。彼は「実地上真の善とはただ一つあるのみである、すなわち真の自己を知るというに尽きて居る。我々の真の自己は宇宙の本体である、真の自己を知れば啻《ただ》に人類一般の善と合するばかりでなく、宇宙の本体と融合し神意と冥合するのである。宗教も道徳も実にここに尽きて居る。而して真の自己を知り神と合する法は、ただ主客合一の力を自得するにあるのみである」と言っている。(三七)

両者の相違点は、王陽明の「良知を致す」が道徳の本体を偏重したのに対し、西田はより宇宙の本体を偏重しすなわち宇宙の本体を道徳の基礎とした点にある。このような西田の考え方は主に西欧近代哲学の影響による。しかし、道徳修養の方法と本体論を結合させた点では、明らかに陽明学の影響を受けたのである。この点も、西田の本体論が東洋的特性を備える重要な原因なのである。

王陽明は良知を致すことも知行合一であると考えた。「良知」とは是を知り非を知る知のことなのであり、「致す」とは実践上で己を磨きこれを客観的、実際的に示すことである。良知を致すとは、すなわち実際の行動上で良知を実現させ、知行を合一させることである。だからこそ、この点も西田に重視されたのである。彼は、「王陽明が知行合一といった様に、充分なる知は実行でなければならぬ。凡ての知識は之を体得して真の知識ということができる。「人事の知識のみならず科学にて実験を重んずるも是故《これがゆえ》である」(三八)と言っている。

王陽明の「知行合一」説は主に内心の「省察克治」を説く唯物主義的道徳修養学説であるが、

西田は科学を重視する近代的知識論の上にたって、「知行合一」の思想を吸収した。そして「行」と「知」との有機的関係を強調し、「体験」、「実験」によって「行」の何たるかを説明した。これは実質上「知行合一」の近代的解釈と、再構築である。

王陽明は「知行合一」についてまた「知の真切篤実なる処は便《すなわ》ち是《こ》れ行、行の明覚精察する処は便《すなわ》ち是《こ》れ知。もし知るの時、其《そ》の心真切篤実なる能《あた》わざれば、則《すなは》ち其《そ》の知便《すわは》ち明覚精察する能《あた》わず。もし之《こ》れを行うの時、其《そ》の心明覚精察する能《あた》わざれば、則《すなは》ち其《そ》の行便《すなわ》ち真切篤実なる能《あた》わず。［知の真に篤実なところこそ行であり、行のはっきりと精察するところこそ知である。もし物事を認識しようとする時、その心が真に篤実であることができなければ、その認識ははっきりと精察することができない。もし行動しようとする時に、その心がはっきりと精察できなければ、その行為は真に篤実であることができない］(三九)」と言っている。

ここで王陽明は「知」と「行」には情感と意志という問題があることまでを述べ、すなわち「真切篤実なること」を強調した。西田はこの考えもつぎのように吸収したのである。「王陽明が知行合一を主張したように真実の知識は必ず意志の実行を伴わなければならぬ。自分はかく思惟するが、かく欲せぬというのは未だ真に知らないのである。斯《か》く考えて見ると、思惟、想像、意志の三つの統覚は根本においては同一の統一作用である」(四〇)。

西田は王陽明の思想に啓発され、この後に意志の認識と行為における重要な作用をきっちりとおさえた上で、それについて比較的詳細で深遠な論を著わしたのである。

四、儒家倫理と「真正の善」

西田は「この書を特に『善の研究』と名づけた訳は、哲学的研究がその前半を占めおるにも拘らず、人生の問題が中心であり、終結であると考えた故である」(四一)と言っている。中国思想、特に儒学の重要な特徴の一つはその哲学の思考が人生とは如何にあるべきかと言う問いと密接に関連している点である。よって西田の解釈した「善」には比較的多くの儒家倫理思想の要素が含まれている。

1、「中庸」と「善」

孔子は「中庸の徳為《た》るや、其《そ》れ至れるかな〔『論語』雍也篇〕」と言っている。(四二)その意味するところは中庸こそが最高の道徳であるということである。中庸の基本原則は「允《まこと》に其《そ》の中を執《と》る〔『論語』「堯曰篇」〕」ことであり、すなわち適切な限界をとらえ、それにより事物の調和の取れた平衡状態を保持し、人の言行を既定の道徳的基準に合致させることを求めることである。『中庸』という書物は孔子の思想を系統的に明らかにし、その上、「高明を極めて中庸に道《よ》る〔『中庸』の訓読、現代語訳は【金谷治訳『大学・中庸』、岩波文庫、一九九八年】に拠る。高く光明に満ちたところを追求し、過不足ない中庸に基づく」〕」すなわち最高の精神的境地に到達することを求めるとともに、又道徳実践において中庸の原則を守ることを提起したのである。西田は次のように儒家の「中庸」思想をかなり深く理解していたのである。彼は『中庸』の書にも現れておる（『善の研究』、一八六頁）」、「我々の善とは或一種または一時の要求のみを満足するの謂でなく、或一つの要求はただ全体との関係上において始めて善となることは明である。たとえば身体の善はその一局部の健康でなくして、全身の健全なる関係にあると同一である。それで活動説より見て、善とは先ず種々なる活動の一致調和或は中庸ということとならねばならぬ。我々の良心とは調和統一の意識作用ということとなる（『善の研究』、一八四頁）」と言っている。西田はここで西洋近代哲学の理論（古代のアリストテレスの中庸思想も含む）と結び付けて儒教の「中庸思想」を運用し「善」を理論的に論証し、近代哲学の基本に東洋倫理の色彩を加えたのである。

西田も「中庸」に含まれている意味がそれほど明確ではないと考えていたので、西洋論理学の方法で古代の「中庸」概念を真剣に詳細に解釈した。西田は、「所謂中庸とは如何なる意味においての中庸であるか。意識は同列なる活動の集合ではなくして統一せられたる一体系である。その調和または中庸ということは、数量的の意味ではなくして体系的秩序の意味でなければならぬ」(四三)と言っている。西田が「中庸」概念に行った積極的解釈は明らかに「中庸」を受け継ぎそれを近代哲学の発展に役立たせるために必要なものであった。

2、孔子の苦楽観と「善」

善と幸福、快楽の関係について西田はアリストテレスを始めとする西洋倫理学の「活動説」(四四)を参考にした外に、中国の儒教思想をも吸収した。彼は、「善の裏面には必ず幸福の感情を伴うの要がある。ただ快楽説のいうように意志は快楽の感情を目的とする者で、快楽がすなわち善であるとはいわれない。快楽と幸福とは似て非なる者である。幸福は満足に由りて得ることができ、満足は理想的要求の実現に起るのである。孔子が「蔬食を飯い、水を飲み、肱を曲げて之を枕とす、楽も亦《また》其の中に在り」といわれたように、我々は場合に由りては苦痛の中にいてもなお幸福を保つことができるのである。真正の幸福はかえって厳粛なる理想の実現に由りて得らるべき者である」(四五)と考えている。人は往々にして自己の理想の実現や希望が満たされることを利己主義やわがままと同一視する。しかしながら我々にとって、自己の内心の希望や叫びは巨大な力を持っており、それは人生の中で最も厳粛なものである。西田はここで孔子が苦楽観を弁別し考証したのを借りて、いかに「善」を理解し、いかに「善」を認識し、いかに「善」に到達すべきを明らかにしたのである。これは古代のエピクロス［紀元前三四二～二七一］から近代のイギリス功利主義に至る西洋快楽主義に強烈な打撃を与えただけでなく、明治維新後日本人のなかに見られる西洋思想の盲目的崇拝による利己主義や享楽主義的傾向に対しても力の限りその行き過ぎを是正しようとしたのである。

3、「至誠」と「善」

「至誠」とは孟子が最初に提唱したものである。彼は、「誠は天の道なり、誠を思うは人の道なり。至誠にして動かざる者は未だ之有らざるなり、不誠にして未だ能く動く者有らざるなり［誠とは天道の本来の姿であり、誠を思うとは人の踏み行なうべきことである。誠を尽くしたならば心を動かさない人はないし、誠を尽くさなければ心を動かす人のいたためしがない］」(四六)「誠」の本義は誠実で欺かない、または偽りがなくでたらめでないという意味である。孟子は「誠」を自然界と人類社会の最高の規範とし、「至誠」であれば「心を尽し」、「性を知り」、「天を知り」、それによって天地自然と合一できると考えたのである。荀子は「至誠」を、心を養い、身を修める根本原則と考えた。すなわち「君子心を養うは誠より善《よ》きは莫《な》し、誠を致《きわ》むるは則ち它事《たじ》なし［君子が心を養うには、誠が最も良い、誠をきわめるには、仁を守り、義を行う以外に方法はない］」、「此《こ》れ常に以て其《そ》の誠に至る者有り［これは常にその誠に到達するのだ］」（『荀子』「不苟」）、『中庸』は「至誠」を更に重要な地位に置いた。すなわち「唯《た》だ天下の至誠は、能《よ》く天下の大経を経綸し、天下の大本を立て、天地の化育を知るを為す」。だから、「至誠」は道徳論的意義を有しているだけではなく、存在論及び認識論的意義も含んでいるのである。西田は合理的に中国の「至誠」の思想を吸収するとともに、それを自己の道徳論とも結合させたのである。彼が言うように、「然《しか》らばいかなる場合において吾人が此《こ》の無我の真境に達することができるのか。唯《ただ》私欲を去りて本来の至誠に合するにあるのである。之《これ》を真の修養という。至誠とは身心打して一団となし一毫の間隙なき状態をいう、全力を集注したる場合をいう。之《これ》を学問的に云《い》えば吾人の意識内が充分統一せられて意志活動の状態にある主観と客観とも統一せられ融合して主客の別なく全然調和の状態である。かくの如《ごと》くして天地自然を合一し無我の真境に達することができる」(四七)のである。ここで西田は「至誠」を善に至る修養方法、また認識の段階と見なし、道徳論と認識論とを高度に統一させ、近代という条件の下で孟子の「至誠」の思想を新たに発展させたのである。

西田はまた、「至誠とは善行に欠くべからざる要件である。キリストも天真爛漫嬰児の如き者のみ天国に入るを得るといわれた。至誠の善なるのは、これより生ずる結果の為に善なるのでない、それ自身において善なのである」(四八)と言っている。西田はここで西洋の宗教文化と「至誠」の思想を結びつけ、それによって至誠自身が善であること明らかにしたのである。このことは明らかに荀子の思想を更に展開させたものでもあった。西田はこれに基づいて一部の人の曲解を批判したのである、すなわち「個人の至誠と人類一般の最上の善とは衝突することがあるとはよく人のいう所である。しかしかくいう人は至誠という語を正当に解しておらぬと思う。もし至誠という語を真に精神全体の最深なる要求という意味に用いたならば、これらの人のいう所は殆ど事実でないと考える。我々の真摯なる要求は我々の作為したものではない、自然の事実である」(四九)。一部の人は西洋文化を受け入れると、東洋文化はそれと鋭く対立すると考え、東洋文化を打ち捨てるのであった。一方、西田は西洋文化を受け入れるとともに、注意深く東洋文化を継承したのである。だから彼は以上に挙げたような誤った観点を批判したのである。西田は西洋哲学、その論理的方法を受け入れた近代的哲学者だけあって、「至誠」の本来の思想を踏襲した上に、それを更に人生論の視点から創造的に展開した。すなわち、「人格の内面的必然すなわち至誠というのは知情意合一の上の要求である。知識の判断、人情の要求に反して単に盲目的衝動に従う謂ではない。自己の知を尽し精を尽した上において始めて真の人格的要求すなわち至誠が現れてくるのである」。(五〇)「至誠」の思想は、西田が西洋近代哲学理論を咀嚼した上で思索を重ねた結果、論理性と現代性をより増したのである。

五　中国仏教哲学と「自己同一」

西田は親友――日本の著名な仏教学者鈴木大拙〔一八七〇～一九六六〕と学術的交流を行い、また長年参禅し身をもって悟り、それを通して仏教文化に触れた。哲学者として西田は仏教の哲学的側面をも重視し、特に中国の禅宗の「見性説」と華厳宗の「一即多」の理論の一部分を自己の哲学体系に吸収したのである。

1、禅宗「見性説」の新解釈

西田は一九四三年ある人に宛てた手紙の中で、「「私は固より禅を知るものではないが元来人は禅というものを全く誤解しているので」禅というものは真に現実把握を生命とするものではないかと思います。私はこんなこと不可能ではあるが何とかして哲学と結合したい。これが私の三十代からの念願でございます」(五一)と述べている。これは実は中国の禅宗の思想も彼の膨大な哲学理論の来源の一つであることを告げたものである。禅宗の基本思想の一つは「心性は万物に生ず」ということであり、それはすなわち宇宙に存在する全てのものはどれも「真常」という心性に由って派生するのであり、真常という心性は世界の本源であると言うことを意味している。これは西田の思考傾向と極めて近く、彼が禅宗に熱中した内在的原因でもあった。西田は実際に論述の中で「禅を」何とかして哲学と結合したい」と言い、常に新しい解釈を賦与したのである。彼は、「禅と云うのは、多くの人の考える如き神秘主義ではない。見性と云うことは、深く我々の自己の根底に徹することである。我々の自己は絶対者の自己否定として成立するのである。絶対的一者の自己否定的に、即ち個物的多として、我々の自己が成立するのである。故に我々の自己は根底的には自己矛盾的存在である。自己が自己自身を知る自覚と云うことその事が、自己矛盾である。故に我々の自己は、何処までも自己の底に自己を越えたものに於て自己を有つ、自己否定に於て自己自身を肯定するのである。かかる矛盾的自己同一の根底に徹することを、見性と云うのである」(五二)と指摘する。西田は近代西洋哲学の内容と自己の苦心の思索に基づき、禅宗の「見性成仏」の哲学的意味を時代性に富む形で解明し、それ故に「見性」思想を自己の哲学体系の一部として取り入れた。西田はまた、「禅家の所謂心随万境転、転処実能幽といった様な所が赤裸々たる経験の真相である、自己の本体である、ベルグソン［一八五九～一九四一］は之を純粋持続又は内面的持続と名けるのである」(五三)、「小生は此頃ジェームス［一八四二～一九一〇］の近頃出したる論文などよみおりそうろう。面白くそうろう。余程禅に似たる所あるように思われそうろう」(五四)と言っている。西田の著作の中にはこのように近代哲学によって禅宗思想を解釈したり、あるいは禅宗思想で西洋哲学を解釈したところが多い。だから『西田全集』編集委員会の主要なメンバーである下村寅太郎教授［一九〇二～一九九五］は含蓄深く、「『善の研究』の根本思想である純粋経験も近代的な哲学の概念でありますが、西田哲学ではこれはやがて禅の思想に連なるものを背景にしているのであります」（五五）と指摘している。

2、華厳宗「一即多」理論の拡張

西田はその哲学体系の中に中国華厳宗の仏教哲学思想を吸収したのである。彼は、「［……私は］仏教哲学にはそれ自身に独特の物の見方考え方があり、それを矛盾的自己同一的な場所の論理、心の論理と考えたいと思う。……それが支那に於て、天台の一念三千の世界観となり、華厳《けごん》の事事無礙《むげ》の世界観に発展した。華厳《けごん》に於ては、一即一切、一切即一と云《い》う」（五六）と言っている。華厳宗の創始者法蔵［六四三～七一二］は理事無礙の関係を「一即一切、一切即一」と言った。同一の本体は各種各様の事物として顕現する、これが「一即一切」であり、千差万別の事物が同一の本体に帰結する、これが「一切即一」である。以上のことからどのような事物も皆それぞれの事物の中に包含され、全ての事物はそれ以外の事物を包含する。同様に全ての事物は皆それぞれの事物の中に包含され、一切の事物はみなどのような事物にも帰結できる。事事無礙法界も「一即一切、一切即一」の関係である。だから、『華厳義海百門』に、「一多相由《よ》りて成立し、一全《すべ》て是《こ》れ多の如《ごと》し、方に名づけて一と為《な》す。また多全《すべ》て是《こ》れ一、方《まさ》に名づけて多と為《な》す。多外《そと》に別の一無ければ、明らかに是《こ》れ多中の一なるを知る。一外に別の多無ければ、明らかに是《こ》れ一中の多なるを知る」と言っている。華厳宗哲学が「一多」の間の相対性の中に存在する絶対性を抹殺し、事物の差別性、客観性を否定したことは疑いの余地はない。しかしながら、この「一」と「多」（一切）についての論述には個別と一般という弁証法思想の比較的重要な要素が含まれている。

　西田は華厳宗の「一」と「多」の思想を吸収し、ライプニッツ［一六四六～一七一六］の「単子論」[五七]、ヘーゲル［一七七〇～一八三一］の個別と一般の関係論[五八]を媒介にし、彼自身の一心な思索を経て、それに手を加え抽出して自己の哲学の重要な方法論を形作ったのである。正に彼自身が言う所のように、「我々が此処《ここ》に生まれ、此処《ここ》に働き、此処《ここ》に死に行く、この歴史的現実の世界は、論理的には多と一との矛盾的自己同一と云うべきものでなければならない。私は多年の思索の結果、斯く考えるに至ったのである」[五九]。西田は初期の著作『善の研究』（一九一一年出版）の中でこの方法論を適用した。すなわち「そこで実在の根本的方式は一なると共に多、多なると共に一、平等の中に差別を具し、差別の中に平等を具するのである。而してこの二方面は離すことのできないものであるから、つまり一つの者の自家発展ということができる。……右の如く真に一にして多なる実在は自動不息でなければならぬ。静止の状態とは多と対立せぬ独存の状態であって、すなわち多を排斥したる一の状態である。しかしこの状態にて実在は成立することはできない。もし統一に由って或一つの状態が成立したとすれば、直にここに他の反対の状態が成立しておらねばならぬ」(六〇)。彼は実在世界の基本形式や状態を「一」と「多」に帰し、その点では合理性を有している。但し「一」を「自我」と言うことで、岐路に至ったのである。そして彼は晩年「一」と「多」という問題に思索を重ね、「絶対矛盾の自己同一」(一九三九年)を書き系統的にこの方面の見方を明らかにしたのである。

西田が華厳宗の「一即多」の思想やドイツ近代哲学の弁証法を吸収、再構築することによって、提起した「絶対矛盾の自己同一」理論は、唯心的弁証法であり、その上仏教の枠組みから脱していない。またそのブルジョア的な軟弱性のため、この「一」の理論が天皇制の合理性を論証する理論的根拠ともなっているのである。西田は、「全体的一として歴史に於て主体的なるものは色々に変った。……しかし皇室は此等の主体的なるものを超越して、主体的一と個別的多との矛盾的自己同一として自己自身を限定する世界の位置にあったと思う(六一)」と言っている。しかし、西田が東西、古今の思想の理論、思惟、経験、教訓を融合した点は一つの手本となるものである。

日本近代における東西の哲学を総体的に理解する過程で、西周は中国哲学を媒介として西洋哲学を紹介し、哲学の新しい概念を日本語に訳した。中江兆民は西洋近代の唯物論、民権論、進化論などによって中国哲学を解釈し、「自由民権運動」に理論的根拠を提供した。そして西田幾多郎は新しい東洋哲学を樹立しようとした職業的哲学者であった。彼には中国文化に対する十分な素養、西洋哲学に対する該博な知識、充分な思索の時間、恵まれた研究環境があり、先秦の儒教、荘子の思想、陽明学を西洋近現代の哲学やその方法と深く融合させ、懸命な思索を経て、中国哲学思想と西洋哲学を「西田哲学」の膨大な体系の有機的部分として内在的に組み入れたのである。その結合の精度は西周や中江兆民をはるかに越えたのである。それは歴史の趨勢であり、論理の必然でもあった。

西田哲学は中国哲学（仏教学を含む）の単純な復活でもなければ、西洋近代哲学の機械的援用でもない。強烈な東洋文化の特徴を持ち、かなり高度な思惟水準を備えた近代哲学である。その誕生には重視に値する歴史的意義と現実的意義がある。一、それは中国哲学と西洋近現代哲学との間には、越えることが出来ない境界など決してなく、中国哲学には多くの生命力に富んだものが今なおあり、近、現代文化の発展に寄与し得ることを物語っている。二、それは東洋諸国の文化の近代化の過程で東西哲学文化の衝突、融合をどのように処理するかという問題に、ある程度の経験と教訓を提供したのである。三、それは日本人が強大な西洋文化という嵐が吹き付ける中で、民族文化に確固たる自信を持つために積極的な役割を果たしたのである。一九一一年西田の『善の研究』が出版されてから既に八十余年が経ち、その間日本には西洋の各種の哲学思想が潮の如く急速に流入してきたが、西田哲学のように日本思想界や日本の人々に一貫して（一時短期的批判を受けたことがあるが）好意を以て迎えられた哲学はいまだ存在しない。そのことは前述の理由と関係があるのである。

とは言え、西田幾多郎は結局日本近代のブルジョア哲学者であり、その膨大な哲学体系の性質も唯心的である。彼が先秦哲学、荘子哲学、中国仏教学、陽明学を吸収したその方法は、必ずその階級的立場や唯心的体系によって大きな制約を受けたのである。

西田哲学と中国哲学とは密接な関係があったにも関わらず、日・中の両学界には依然このような重要な点を軽視する傾向がある。すなわちこのように考える人もいる。「西田哲学は東洋の仏教思想を基礎とし、西洋の哲学思想を糧とし、西洋論理学に由って打ち立てられたものである」[六二]。仏教思想は確かに西田哲学の重要な基礎であるが、唯一のものではない。またこのように極言する人もいる。「『善の研究』という哲学書の誕生は、日本の思想文化の領域に明治時代以来の四十年あまりの反復闘争の結果、終に哲学の形態の上――観念から表現形式に至るまで、中国の伝統文化の影響から脱したことを表した」[六三]。このような意見は更に妥当性に欠ける。当然ながら、中国の学界の見解は日本の学界の西田哲学研究と密接な関係にある。日本で八十年代に出版された『近代日本哲学思想家辞典』の「西田幾多郎」の項には次のようにある。「かれが東洋の思想を引用しているところは、前期においてはほとんどみられず、後期になっても、最後の宗教哲学的論文を除けば、それほど多くない」[六四]。これは日本の学界で割合広く行われている見方である。しかし中国哲学と密接に関わる『善の研究』こそが西田の処女作であった。この点を考慮すると、このような見方には明らかにある種の文化的偏見が含まれており、その上、西田哲学の実質とも一致しないのである。

【第三章注】

（一）『下村寅太郎著作集』第一二巻、みすず書房、一九九〇年、一〇〇頁。
（二）「読書」（『西田幾多郎全集』第一二巻、岩波書店、一九七九年、二二八頁）。
（三）「我尊会有翼文稿」（『西田幾多郎全集』第一六巻、一九八〇年、六〇四頁）。
（四）「我尊会有翼文稿」（『西田幾多郎全集』第一六巻、六〇七頁）。
（五）「我尊会有翼文稿」（『西田幾多郎全集』第一六巻、六二七頁）。
（六）「我尊会有翼文稿」（『西田幾多郎全集』第一六巻、六一一頁）。
（七）「哲学の根本問題、続編」（『西田幾多郎全集』第七巻、一九七九年、四三五頁）。
（八）「信濃哲学会のための講演」（『西田幾多郎全集』第一四巻、一九七九年、二五八〜二五九頁）。
（九）「哲学の根本問題、続編」（『西田幾多郎全集』第七巻、四三五頁）。
（一〇）「哲学の根本問題、続編」（『西田幾多郎全集』第七巻、四四七頁、四三六頁）。
（一一）「哲学の根本問題、続編」（『西田幾多郎全集』第七巻、四三六頁）。
（一二）「哲学の根本問題、続編」（『西田幾多郎全集』第七巻、四三七頁）。
（一三）「哲学の根本問題、続編」（『西田幾多郎全集』第七巻、四四九頁）。
（一四）「日本文化の問題」（『西田幾多郎全集』第一四巻、四〇一頁）。
（一五）「哲学の根本問題、続編」（『西田幾多郎全集』第七巻、四四七頁）。
（一六）「哲学の根本問題、続編」（『西田幾多郎全集』第七巻、四三七頁）。
（一七）「哲学の根本問題、続編」（『西田幾多郎全集』第七巻、四三七頁）。
（一八）「日本文化の問題」（『西田幾多郎全集』第一四巻、三六六頁）。

（一九）「日本文化の問題」（『西田幾多郎全集』第一四巻、四一二頁）。
（二〇）「哲学の根本問題、続編」（『西田幾多郎全集』第七巻、四三七頁）。
（二一）「哲学の根本問題、続編」（『西田幾多郎全集』第七巻、四五一～四五二頁）。
（二二）「学問的方法」（『西田幾多郎全集』第一二巻、三八七頁）。
（二三）「信濃哲学会のための講演」（『西田幾多郎全集』第一四巻、二六〇頁）。
（二四）「『善の研究』中国語版序」（『西田幾多郎全集』第一巻、四六七頁）。
（二五）「信濃哲学会のための講演」（『西田幾多郎全集』第一四巻、二六五頁）。
（二六）西田幾多郎『善の研究』岩波文庫、一九七九年、一三頁。
（二七）『善の研究』一九三頁。
（二八）『善の研究』二三五頁。
（二九）『善の研究』二一二頁。
（三〇）『善の研究』五一頁、五三頁。
（三一）『善の研究』五三～五四頁。
（三二）『善の研究』七五～七六頁。
（三三）古田光「西田幾多郎」（『近代社会思想史論』青木書店、一九五九年、三六三頁）。
（三四）『善の研究』九三頁、九五頁。
（三五）『伝習録』下〔訓読は以下、山田準、鈴木直治訳注の岩波文庫〈一九三六年〉に拠る〕。
（三六）『伝習録』中「聶文蔚に答える」。
（三七）『善の研究』二〇六頁。

（三八）「純粋経験に関する断章」（『西田幾多郎全集』第一六巻、三三九頁）。
（三九）『王文成公全書』巻六「友人に答う」［訓読、解釈は『王陽明全集』第二巻、明徳出版社、一九八三年に拠る］。
（四〇）『善の研究』一三二頁。
（四一）『善の研究』四頁。
（四二）『論語』「雍也」［訓読、現代語訳は以下、金谷治訳注の岩波文庫〈一九九九年〉に拠る］。
（四三）『善の研究』一八四～一八五頁。
（四四）西田は、「そこで善とは我々の内面的要求すなわち理想の実現換言すれば意志の発展完成であるということとなる。斯くの如き根本的理想に基づく倫理学説を活動説energetismという」（『善の研究』一七八頁）と言う。
（四五）『善の研究』一七九頁。
（四六）『孟子』「離婁」［訓読、現代語訳は以下、小林勝人訳注の岩波文庫〈一九七二年〉に拠る］。
（四七）「倫理学草案」（『西田幾多郎全集』第一六巻、一九八〇年、二五五～二五六頁）。
（四八）『善の研究』一九一頁。
（四九）『善の研究』二〇四～二〇五頁。
（五〇）『善の研究』一九一頁。
（五一）「西谷啓治宛書簡［昭和十八年二月十九日］」（『西田幾多郎全集』第一九巻、一九八〇年、二二五頁）。
（五二）「場所的論理と宗教的世界観」（『西田幾多郎全集』第一一巻、一九七九年、四四五～四四六頁）。
（五三）「ベルグソンの純粋持続」（『西田幾多郎全集』第一巻、一九七八年、三三八頁）。

（五四）「堀維孝宛書簡［明治四十三年三月二十二日］」（『西田幾多郎全集』第一八巻、一九八〇年、一三二頁）。
（五五）「西田哲学について」（『下村寅太郎著作集』第一二巻、一〇〇頁）。
（五六）「日本文化の問題」（『西田幾多郎全集』第一二巻、三六五～三六六頁）。
（五七）西田は、「絶対矛盾的自己同一的世界においては、個物的多の一々が焦点として、それ自身に一つの世界の性質を有つのである。モナドロジーにおいての様に、一々のモナドが世界を表現すると共に、世界の自己表現の一立脚地となるのである」（「場所的論理と宗教的世界観」『西田幾多郎全集』第一一巻、三七八頁）と言う。
（五八）「私の立場から見たヘーゲルの弁証法」（『西田幾多郎全集』第一二巻）などの論文を参照。
（五九）「日本文化の問題」（『西田幾多郎全集』第一二巻、二九〇頁）。
（六〇）『善の研究』八六～八七頁。
（六一）「日本文化の問題」（『西田幾多郎全集』第一二巻、三三五～三三六頁）。
（六二）王守華、卞崇道『日本哲学史教程』山東大学出版社、一九八九年、三四五頁。
（六三）厳紹璗『日本中国学史』第一巻、江西人民出版社、一九九一年、一八五頁。
（六四）中村元他監修『近代日本哲学思想家辞典』東京書籍、一九八二年、四四頁。

第四章　諸文化領域における中国哲学の浸透

日本の伝統文化の重要な構成要素を成す――中国哲学は、日本の近代哲学の創立、発展、成熟の過程に積極的な影響を与えただけでなく、経済、文学、科学という文化的諸領域にも浸透し、東洋的特色を備えた日本の近代文化の形成と日本の近代社会の発展を促したのである。

一　孔子の思想と日本の近代的企業――渋沢栄一を例とする

孔子の思想は儒家文化の源であり、中国、日本の前近代の倫理規範であり、日本を含む東アジアの伝統文化に重大な役割を果たした。それでは、孔子の思想は日本近代資本主義的企業の発展にどのような影響を与えたのか。「日本近代実業の父」と称せられた渋沢栄一（一八四〇～一九三一）はその実践によってこの問題に回答を与えたのである。彼は一生の間に五百に上る近代的企業（その中で今日存立しているのは全て日本の一流企業である）を設立した。彼自身の「精神的支柱」であり、かつ彼の創設した企業の「精神的支柱」は他でもない孔子の思想なのである。このような一見「奇異な」現象を重視しないわけにはいかない。

1、漢学教育と西洋視察

渋沢栄一は一八四〇年武蔵の国、榛沢郡血洗島《ちあらいじま》村［今の埼玉県深谷市］の豪農の家に生まれた。幼い時から儒教の経典に親しんだのである。「明治維新前は、京都も、江戸も、ないしは諸侯の国々もすべて漢籍を以て教育を施し、余の郷里武州にては、初心の輩には『千字文』、『三字経』［いずれも漢学入門の書］の類を授け、それより『四書』［儒教の基本的経典、『論語』、『孟子』、『大学』、『中庸』］を読ませ『五経』［儒教の経典、『易経』、『書経』、『詩経』、『礼記』、『春秋左氏伝』］に移(二)」った。彼の父は『論語』を好み、とても厳格な人であった。渋沢が幼い時少しでも過ちを犯すと『論語』の一節を引いて叱責したのである。例えば、「吾日に三省す、人の為に謀りて忠ならざるか。朋友と交われて信ならざるか。習わざるを伝えたるか。［「学而篇」、孔子の弟子、曽参の語、私は日に何度も反省する。他人の為にしたことが、心の誠から出たものか、友人と誠意を以て交際したか、学んでいないことを教えなかったか］」などである。そのため、『論語』の章句は渋沢に大変な影響を与えた。彼は七歳の時、父から『三字経』を習い、続いて従兄の尾高蘭香から『大学』、『中庸』、『論語』、『孟子』を学んだが、結局『論語』だけを学ぶことにした。儒教を奉じながら後になぜ『大学』、『中庸』を捨てて『論語』だけを選んだのか。この点について渋沢栄一は次のように説明している。『大学』は治国平天下の道を説くことを主眼とし修身斉家より政治に関する教誨を重んじた。『中庸』

はさらに一層高い見地に立って「中和を致し、天地位《くらい》し、万物育す〔中と和とを実行しさえすれば、天地の秩序を正しくし、万物が健全に生育する〕」である。「修身斉家の道には遠ざかりおるがごとし。しかるに『論語』に至っては、一言一句ことごとくこれ日常処世上の実際に応用し得る教である。朝《あした》にこれを聞き夕べにこれを実行し得る底の道を説いている」、「余は『論語』の教訓を守ってゆけば、人はよく身を修め家を斉え、安穏無事に世を渡って往けるものと確信するのである。……特に『論語』は、日常身を持し世に処する方法を一々詳示せられておるを以て、これに依拠しさえすれば、人の人たる道に悖《もと》らず、万事無碍《むげ》円通し、何事にても判断に苦しむ所があれば、『論語』の尺度を取ってこれを律すれば、必ず過ちを免るるに至らんと確く信じたり」(二)。

渋沢の生涯でその思想、生活に重大な影響を与えたものに次のような出来事があった。すなわち一八六七年一月から一八六八年十一月まで、彼が徳川昭武〔一八五三〜一九一〇、水戸藩最後の藩主、第九代藩主斉昭の子、第一五代将軍慶喜の弟〕率いる幕府使節に随行しパリ万国博覧会に参加し、その後フランスを始めとする欧州先進諸国を詳細に視察したことであった。彼はこの機会を得て西欧近代資本主義文明、特にその経済、実業方面を深く理解したのであった。渋沢は既に家業〔藍玉の製造販売〕を手伝ったことがあり、日本で当時最も発達した都市——大阪の経済状況をも大体つかんでおり、元々それなりの経済知識（たとえば手形の発行、交換、各種の利息制度の制定など）があり、経済、実業というものが理屈でも分かっていたので、欧州の新事物をたやすく吸収消化したのである。その視察の中で「合資組織（株式会社）」の経営方法、国家元首であるベルギー国王が実業活動を熱心に後押ししていたこと、欧州社会の「官民平等」の三点は彼の心に深く刻み込まれた。また渋沢は儒教を含む日本の伝統文化にかなりの素養があり、既に何年かの実務経験があったので、西洋文明をどのように認識しどのように受け入れるかは常に日本の国情をよく踏まえた上で行ったのである。この点、彼は日本で学校教育を受けて出国した多くの留学生とは違うのである。いかにして西洋近代文明を学び、日本を速やかに富強にし、日本の近代化を推進しようと考える中で、実業家にならんとする志を立てた渋沢は、小資本を集めて大資本とする「合本組織（株式会社）」という良策を建議した。ただし、この「合本組織」を順調に発展させるには二つの思想的障害を取り除かなければならないと彼は考えた。それは、一つには、日本の伝統文化に存在する、修身養性を空談し、物質欲や経済的利益を軽視する求「義」観であった。二つには、西欧の近代商業や企業活動に現れた、互いに騙しあい道徳を軽視する求利観である。前者を是正するために、孔子の『論語』の「義理観」に彼は新しい解釈を施した。後者を正すために「道徳と経済の合一」（『論語』と算盤の一致）の思想を提唱したのである。

2、『論語』の新解釈

『論語』は儒教の「義理観」の表れた最初の著作である。既に述べた日本の伝統的な偏向を正すにはまず正確に『論語』を理解することから始めなければならなかった。そこで渋沢は自らの企業管理の実践に基づき、更にその上に西洋近代の物質的利益や経済効率を重視する思想を吸収し、『論語』の一部に新しい優れた解釈を施しその意味を説き明かしたのである。

孔子は「富と貴とは、是《こ》れ人の欲する所なり、其《そ》の道を以《もっ》て得《え》ざれば、処《お》らざるなり。貧と賤とは是《こ》れ人の悪《にく》む所なり、其《そ》の道を以《もっ》てせざれば、去らざるなり。［富と社会的地位の高さは人が望むものであるが、正当な方法で手に入れることが出来ないのならば、それを求めない。貧しさと社会的地位の低さは人の望まぬものであるが、正当な方法でなければ、それを避けない］」[三]と言うが、それを渋沢は次のように解釈したのである。一般にこの言葉は富貴を軽視した意味で解釈されているが、それは実に一面的解釈である。もし詳細に考えればこれには富貴の義を軽視した点は全くない。その主旨は富貴に淫しないように戒めたものである。もし直接にこれによって孔子が富貴を嫌悪したと見るならば、でたらめもいいところである。この時孔子は道徳的でない方法で富貴を得たのならば、むしろ貧窮した方がましだ、もし正しい道理で富貴を得たのなら何の差し支えもないということを示したのである。「この句に正確な解釈を施さねばならない、その鍵は「其《そ》の道を以《もっ》て得ざれは」に注目するところにある」。

たとえば『論語』にはまた「富みにして求む可《べ》くんば、執鞭《べんたつ》の士といえども、吾《わ》れ亦《ま》た之を為《な》さん。如《も》し求む可《べ》からずんば、吾《わ》れ好む所に従わん。［富を求めて不道徳でなければ、王の先払いのような賤しい職業でもそれを努めよう。もし富を正当な方法で求めることができなければ、私の好きなようにしたい］」[四]がある。渋沢は、「これも普通には富貴を賤しんだ言葉のように解釈されているが、今正当の見地から此の句を解釈すれば、句中富貴を賤しんだというようなことは一も見当らないのである。

……「正しい道を踏んで」という句が此の言葉の裏面に存在しておることに注意せねばならぬ。而《しか》して下半句は……奸悪の手段を施してまでも富を積まんとするよりも、寧《むし》ろ貧賤に甘んじて道を行う方がよいとの意である。故に道に適せぬ富は思い切るがよいが、必ずしも好んで貧賤におれとは云うて無い。今此《こ》の上下二句を約言すれば、正当の道を踏んで得らるるならば執鞭の士となってもよいから富を積め、しかしながら不正当の手段を取る位なら寧《むし》ろ貧賤におれというので、やはり此《こ》の言葉の反面には「正しい方法」ということが潜んでおることを忘れてはならぬ」、「孔子は富を得る為には実に執鞭の賤しきをも厭わぬ主義であった、と断言したら恐らく世の道学先生は眼を円くして驚くかも知れないが、事実は何処までも事実である。現に孔子自らそれを口にされておるから致し方がない。尤《もっと》も孔子の富は絶対的に正当の富である。若し不正当の富や不道理の功名に対しては、所謂「我において浮雲の如《ごと》し」であったのだ。然るに儒者は此の間の区別を明瞭にせずして富貴をいい功名をいいさえすれば、其の善悪に拘らず何でも悪いものとしてしまったのは早計も甚しいではないか。道を得たる富貴功名は、孔子も亦自《またみずか》ら進んで之を得んとしておったのである」(五)と解釈している。

また『論語』には、「子貢曰く如《も》し博く民に施し、能《よ》く衆を済《すく》う有らば、如何《いかん》。仁と謂うべきか。子曰く何ぞ仁を事とせん。必ずや聖か。尭舜其《そ》の猶《な》お諸《これ》を病むか［子貢が言うには、もし人民に広く施し、人民を救うことができたならば、どうでしょうか、仁と言えますか。先生がおっしゃるには、仁と言う段階ではない、聖というべきだ。堯、舜のような聖天子ですらこのようなことが実現できず悩まれたのだ（六）」とある。渋沢は、「広く衆に施して能《よ》く民を救うということは生産的の事を度外にするものでありましょうか。国家の富強ということはすなわち広く衆に施して能《よ》く民を済《すく》うのである。国家の富強が生産の事を除て出来るというものならば、殆ど道理に掛からぬものである。宋朝の儒者は、此《かく》の如《ごと》く学問と人間の生計を引離してしまった（七）」と指摘している。渋沢はまた、孔子の「飲食を菲《うす》くし孝を鬼神に致し、衣服を悪《あ》しくして美を黻冕《ふつべん》に致し、宮室を卑《ひく》くし力を溝洫《こうきょく》に尽くす。禹は吾《わ》れ間然《かんぜん》することなし。［飲食を倹約し、祖先にお供え物を厚くして尽くし、衣服を質素にして祭祀の時に身に付ける前垂れや被る冠を立派にし、宮殿を質素し灌漑のための用水路の整備に尽くす。禹は私から見て、非の打ち所がない（八）」とは、「すなわち簡単に云《い》えば、私事には出来るだけ節約して公事には金を惜まずと云うが、孔子の経済上の根本精神であった。或は「節用して人を愛す『論語』「学而篇」、自分の経費を節約し、人民を愛する」と云い、或は「先難後獲『論語』「雍也篇」、先ず苦難に立ち向かい、その結果、成果を獲得する」と云い、或は「財を生じて大道有り『大学』、財を生ずるには大原則がある」」の一節の如き、皆経済利殖の教訓である（九）」と指摘している。渋沢は更に、次のようにも指摘している。孔子は二千五百年前に、「「財を生むに大道有り、之を生むこと衆《おお》く、之を食らうこと寡《すくな》く、之を為すこと、之を用いること舒《ゆる》ければ則ち財恒《つね》に足る。『大学』、財産を生みには守るべき基準がある。財産を生むことが多く、それを消費することが少なく、それを生むこと迅速で、それを消費することが緩慢であれば、国の財産はいつも豊かである」」と言った。これは確かに極めて優れた道理である。現在我が国の財政は財を用いること多く、財を生むこと少ない。よって社会に様々の不平不満を生ぜしめている。「財を生むに大道有り」とはすなわち、大道に沿って行えば其《そ》れ善、邪道に沿って行えば則《すなわ》ち悪である」。以上のことから判断すると、孔子は理財に卓識を有していたと言うべきである。明らかにこの解釈は資本主義の経済思想と当時の日本の財政状況から孔子の観点を解釈したものである。

渋沢栄一はまた朱熹［宋学の集大成者、朱子学の創始者］等の誤りを、「此《こ》の孔子の教旨を世に誤り伝えたものは彼の宋朝の朱子であった。朱子は孔子の経解学者中では最も博学で、偉大の見識を持っていたものであろうが、孔子の富貴観に対する見解だけはどうも首肯することが出来ない。独《ひと》り朱子のみならず、一体の宋時代の学者は異口同音に孔子は貨殖富貴を卑しんだもののように解釈を下し、苟も富貴を欲して貨殖の道を講ぜんと志すものは、到底聖賢の道は行うことが出来ないものであるとしてしまった。従って仁義道徳に志すものは必ず貧賤に甘んずるということが必要になって、儒者は貧賤であるべきこととなり、彼等に対しては、貨殖の道に志して富貴を得る者をば敵視するような傾向を生じて、遂に不義者とまで仕てしまったのである。然るに朱子の学風は我国においては頗る勢力があったから、孔子に対する誤解も亦《また》社会一般の思想となり、富貴を希い貨殖の事に関係するものは、何でも彼でも仁義の士とは謂はぬ様になった。殊に致富に関する事業の位地が卑かった為に、此《こ》の観念は一層強いものとなって社会に現われていた。要するに、我国の国民性をつくる上において、朱子学は偉大な貢献のあったことは認めなければならぬが、それと同時に、又富貴貨殖と仁義道徳とは相容れないものであるとの誤った思想を蔓延させた弊も掩《おお》う可《べか》らざる事実である」(一〇)と批判している。

渋沢は西欧の近代的商業意識、経済思想を借り、日本経済を発展させるという切迫した必要性と自ら各種の企業を創設した体験に基づいて、孔子の「義、利」思想に、特に長年に亘って日中の歴代の学者等によって曲解されてきた「利」について、その新義を真剣に掘り起こし、明らかにすることによって、孔子の「利」観には明確な現代性が備わっていることを人々に痛感せしめたのである。ただし、『論語』には「義」を重んじ「利」を軽んずる思想が有ることも確かである。たとえば「君子は義に喩《さと》り、小人は利に喩《さと》る。［君子は義に明るく、小人は利に明るい］」(『論語』「里仁篇」)などであるが、渋沢はかえってこのことをひた隠しにしたのである。

当然ながら、渋沢が『論語』を考証し、注釈したのは、主に明治の人々を日本の伝統文化にある、利を軽んずるという誤った思想から抜け出させ、一日も早く日本近代資本主義の実業運動に投じさせようとする試みであったのである。

3、「『論語』と算盤」の一致論

渋沢は二年近い欧州視察を通して、資本主義的商業と企業の発展がもたらした経済的繁栄と物質文明を目の当たりにし、それを支える資本主義的企業組織法、(株式会社)管理法、経済効率重視の思想が日本に導入するに値するものであることを認識するに至ったのである。それと同時に、ヨーロッパの資本主義的商業や企業活動が利益追求のみ走り道徳にもとる傾向が日に激しくなり、ついには、企業や商人の中には目先の小利に眼が眩み、道徳に悖り手段を選ばず、終には大利を逃すことに至ることも見聞したのである。その結果、ヨーロッパの近代的企業の長所を学び、その弊害を克服するために、渋沢は東洋的特色を備えた近代的企業文化――「『論語』と算盤」の一致論を提唱したのである。

渋沢は「[それと同時に人の世に立つに当っては是非とも一の守るべき主義と取るべき方法とがなければならぬ。而して之を約すれば]『論語』と算盤であると申しておりました。換言すれば道徳経済の合一であります」（一一）と言っている。だから、「『論語』と算盤」の一致論は実は孔子の倫理思想が日本近代の経済発展に適応したことを示したのである。一方は古代の人生倫理を述べた哲学の経典であり、一方は近代的企業管理の計算用具である。なぜこの二者は「一致し」あるいは適応するのだろうか。渋沢は次のように考えたのである、第一に、『論語』は修身養性の道を多く説き、特にどのように「義と利」の関係を処理するかという道理を多く説いた。これらの道理はだれにも分かりやすく、商業を営み企業を経営するに非常に適している。第二に、経済（算盤は近代経済あるいは近代企業を表わす）の発展、振興には精神的支柱や行動規範となるような優れた指導的思想が必要である。「私の『論語』を愛読すると云《い》う事は、元来商人は銖錙《しゅし》の利[わずかな利益]を争うものである。賢者も一歩誤れば、利の為には道を失うことがある。況《いわ》んや商人においてをや。これはどうでも俗世間に在っても、尚《な》お身を誤らざる様拠るべき規矩準縄を有せねば危険であると感じたが為である」（一二）、「仁義道徳、正しい道理の富でなければ、其の富は完全に永続することが出来ぬ」（一三）。第三に二者「『論語』と算盤」が密接に結びつけば、両者あいまって益々効果があがるのである。「学問は学問のための学問にあらず。人類日常生活の指南車たらんがための学問なり。すなわち学問は人生処世上の規準なり。ゆえに実業を離れたる学問なきと同時に、学問を離れたる実業もまた存せざるなり。ここを以《もっ》て余は平生『論語』と算盤説を唱え、実業を『論語』に一致せしめんと企画し」（一四）、「学術は実業によって貴く、農工商の実業は名教道徳によって光りを発す。二者固より一致にして、決してあい睽離《けいり》［人に背き離れる］することを許さず。もし二者睽離《けいり》せんか、学問は死物となり、名教も道徳も紙上の空談となり、『論語』読みの『論語』知らずといわるるに至るべし」（一五）。渋沢はまた、「夫《そ》れ道徳と経済とは双翼両輪の如《ごと》くにして其《そ》の一を闕《か》く能《あた》わざるなり。換言すれば、『論語』と算盤とは反対物にあらず。宜しく右手に『論語』を持ちて之を講じ、左手に算盤を把《と》りてこれを計り退きては家国の富実を勉め、進んでは天下の経済を理すべきなり。趙普の半部を以《もっ》て文祖を佐《たす》けたるも［宋の趙普が『論語』の半部を以て、宋の太祖をたすけて天下を定めると語った故事による］蓋し此《この》意に外ならざるべし。是を以て余は固く此主旨を抱持して自ら之を実行し、又以《もっ》て後進を誘導するに勤むるもの茲《ここ》に年あり。其《そ》の効未だ多からずといえども終身勉怠して倦《う》まざるを期せり」（一六）と指摘している。以上の三点の他に、もう一点、渋沢は直接には述べていないが、その思想の深層にかすかに現われ出てくるものがある。すなわち明治維新以前、商人の地位は非常に低く、江戸時代の身分制度「士農工商」では商人は武士、農民、職人の下にあり、最下位であった。しかし、『論語』などの儒教の経典は相当の身分、地位の人が読む物であった。このような状況を変えるため、渋沢は商人がみずから奮闘努力し卓越した業績を上げるよう呼びかけるとともに、商人が『論語』を学び、『論語』を指針とし、道徳修養に努め、新しい商人のイメージを打ち立てることによってその社会的地位を高めることを提唱したのである。このような近代的商業意識は西洋近代文明のそれより有益である。

渋沢は更に「『論語』と算盤の一致」すなわち道徳と経済の一致という観点には国際的意義があると考えたのである。彼は個人の道徳と経済との一致を推し広め、これを国際間に実現できたとしても、社会に総体的平等を保つことはどうしても不可能であり、優勝劣敗は免れ得ない。しかし、もし個人間で道徳と経済との一致がなしえ、国際間に普及することができたならば、弱肉強食の弊害を正すことができる。人と人の間には常に激烈な競争が生まれるが、どのように道徳性と経済性を併存させればよいか、私は現在個人間の道徳がこのように退歩しているとは考えていないと指摘している。

だからこの種の学説は社会にはより必要であり、それが道徳、進歩に有益であり、個人から進んで国際間の道徳を完全無欠なものにすることを望むのである。「現下欧州大戦は終結し、今後世界がどのように変化するか人の注目するところであるが、必ずや善人栄え悪人滅び、仁義道徳が世に隆盛を極め暴戻貪欲が次第に滅びんことを信ずる。これは決して朽学腐儒の空談ではない」。渋沢は海外を視察し諸外国の個人から国家に至るまでの「弱肉強食の弊害」の現象、特に経済活動が隆盛し道徳意識が低下するという巨大な対照的現象を目の当たりにし、その矛盾の多くが道徳問題に関わり、道徳がその役割を発揮しなければならないので、その為にも人々にその重要性を喚起せねばならないと考えたのである。しかし一方彼は道徳の果たす役割に限界があることを認識しておらず、結果として道徳の役割を誇張したのである。

渋沢は実業家であるので、理論上から「『論語』と算盤の一致」の思想をはっきりと述べるだけではなく、その上、彼自身が企業を創設し管理するという実業活動の中でそれを運用したのである。彼自身が言うように、「私が『論語』に対するのは、世間の方々と多少その趣を異にして、『論語』の章句をそのまま今日まで処世の実際に施すに力《つと》め来ったものと、過言ながら言い得ようと思う」[一七]のである。彼自身の銀行業創設を支えたのは、この『論語』と算盤一致の思想であった。彼は、「明治六年銀行業に携わる事になると同時に何か一身の舵をとって行くに必要なるものをと考えた上が、此《こ》の『論語』の事を想い起した[一八]」と言っている。道徳と経済の関係は甚だ高遠ではあるけれども、非常に分かりやすい解釈もできる。そこで私は『論語』の主旨に基づいて自分の経営する銀行を発展させ、道徳と利潤の増加を併存させ得たつもりである。「殊に現今世の中の有様が兎《と》角《かく》に真面目さを欠きて淫靡浮薄に流れ、架空の見込を以て不道理に事業を進め、俄《にわ》かに富を得ようとする軽佻者流が多いのは銀行者たるものの余程の注意を要する所であると思う。然《しか》るに其《その》銀行者が此《こ》の種の不謹慎な事業家に誤られて、之《こ》れを附け益す事共が毎日みえるのであれば実に浩嘆の至［大いに嘆くこと］であります。是《こ》れ畢竟道徳と経済とが背馳するから起った誤謬である。『論語』を忘れ算盤に偏したる過失であります。是を以《もっ》て私は此《こ》の際『論語』を講ずるのは或《あるい》は時勢に懸隔の観はあるが、更に考一考すると現在は破産に瀕する銀行などにも若《も》しも『論語』に依って其《その》業務を経営したならば縦令《たとい》盛大に至らずとも穏健に持続し得るであろう。故に私は第一銀行の諸君に対して飽《あ》く迄《まで》も『論語』算盤主義を主張して能《よ》く世間を指導せられ、弊風の矯正に努力あらん事を希望して已まぬので」（一九）ある。渋沢は更に「道徳と経済の一致」の思想で商業経営を指導し、また次のように言っている。江戸時代は商業圏が狭く資力も乏しかった。私は力とぼしいものではあるが、精励して国のために働こうとし、すなわち日本商業の発展に尽くさんとした。発展させようとすれば、適切な方法を採らねばならない。当時の方法は大体欧米式（会社を組織する合本法）であり、一般の商業会社はこの方法に拠って全力を尽くし利益獲得を目的とする。目的があれば、手段（道徳と義理人情）がある。もしこの義を棄てれば、たとえその目的を達成したとしても、決して長続きはしえない。前述の如くこのことは私に『論語』を想起せしめた。商業の発展の過程には必ずや競争が起り、予想外の曲折があるが、ただ孔子の教えに依って処理してさえいれば、万事に必ず成功しうる。私の企業経営には多くの粒々辛苦、苦心惨澹があったが、終始孔子の教えに従い、『論語』の主旨に拠って、終には経営に成功したのである。渋沢は自ら各種の企業を運営した経験を総括して、「微力何もすることは出来ませぬが、併し私は此の孔子の教を堅く奉じて、商売も、工業も、鉱山業も、製造業も凡そ有りとあらゆる事業が少しも差支えなく出来得」（二〇）たと言っている。

日本近代企業史上、渋沢は実に重要な貢献をした。彼は先ず第一国立銀行（現在の第一勧業銀行〔二〇〇〇年九月に、富士銀行、日本興業銀行とともに、金融持ち株会社「みずほホールディングス」のもとに統合された〕）を経営し、その後多くの国立銀行の設立を助け、銀行家の同業団体「拓善会」を創立し、手形交換所の創設を指導するなど、日本金融界の基礎を定めるのに貢献すること大であった。金融界以外にも、王子製紙（一八七三年創設）、大阪紡績（一八七九年に創設、後に東洋紡績と改名）、東京海上保険会社（一八七九年創設）、日本鉄道会社（一八八一年創設）、東京ガス会社、東京電灯会社、石川島造船所、浅野セメント、札幌ビール、東洋ガラス、明治精糖、帝国ホテル等総数五百社あまりの企業を創設し経営した。彼のこのような実業活動の中で、『論語』は「精神的支柱」としての積極的役割を果たしたのである。

渋沢栄一は「『論語』と算盤の一致」の思想によって企業活動を指導し、更に、孔子の倫理思想を企業管理と結び付け実践する人材を養成することにも努め、彼は長年自ら企業の従業員に『論語』を講義するとともに、『論語講義』（七巻本）と『論語と算盤』などの書物をも著したのである。彼はこのような活動を通じて、孔子の思想を彼の指導する企業の社員の心の中に浸透させ、それらの企業文化の核心としようとしたのである。そして、「渋沢の周辺やその後には、彼の感化・影響を受けて旺盛果敢な「小渋沢」の企業家が多数輩出した」(二二)のである。

渋沢の「『論語』と算盤の一致」の思想及びその運用によって得た実績は、人々の賞賛を得たのである。彼の古稀の祝いに、小山正太郎という画家が一枚の含蓄のある「『論語』算盤図」を描いた。その絵には四つの品物が描かれている、『論語』、算盤、シルクハットと太刀である。あわせて、『論語』を礎として、商事を営み、算盤を執て、士道を説く。非常の人、非常の事、非常の功」と書いてある。渋沢は、「朱鞘の刀は余が少年の時撃剣を稽古して、武士道の心得あるを表わし、シルクハットは余が紳士の体面を重んじて、世に立つ心あるを表わしたものらしく思われ、『論語』と算盤は余が商売上の基礎を『論語』の上に置く信念を表わし下されたものである」[二二]と解釈している。三島中洲博士はそこで『論語』算盤図の賀に題す」という文を著し、その中で渋沢を、「男〔男爵、渋沢栄一のこと〕少《わか》くして尾高翁に『論語』を受け、稍《やや》長じて志士と交わり、尊王攘夷を唱う。既にして水府の公子〔徳川昭武〕に従えて西洋に遊び、経済学を修め、因りて攘夷の非なることを悟る。帰っては則ち王政維新、擢《あ》げられ大蔵大丞となり、財務を掌る。一旦我が邦の商業不振なるを慨《なげ》き、官を辞し銀行を創る。『論語』に拠りて算盤を把《にぎ》り、四方の商社陸続と競興す。皆男〔男爵、渋沢栄一のこと〕を以て模範と為し姦商黠賈《かっこ》〔狡猾な商人〕蹙然《しゅくぜん》〔身を引き締めて不安な様〕として屏迹〔しりぞく〕し、商業大いに振う[二三]」と評価したのである。このような評価は渋沢の経歴、仕事上の実績、企業を運営する思想及び社会的影響を概括したのである。ただし、「姦商黠賈蹙然として屏迹す」というのは明らかに褒めすぎである。

ところで『日本経済新聞』は一九八三年日本の企業家に最も尊敬する人物を調査したが、それに拠れば、渋沢は第二位であった。また著名な財界人で東京電力会長（当時）の平岩外四〔一九一四～二〇〇七年、財界の重鎮〕は、渋沢の考えに沿って『論語』の「利に放《よ》りて行えば、怨み多し」という文を解釈し、「企業が利益ばかりを追求すれば、民衆の報復に遭う日が必ずや来るだろう。[二四]」

と言った。

当然ながら渋沢の『論語』に関する論述にはそれを絶対化する傾向もある。たとえば、彼が「聖人の教えは千古不磨」であると説き、孔子の思想の作用を過大に評価し、二千年前に生まれた思想が近代的商業の発展に完全に一致すると考えた点である。その一方、渋沢は企業管理活動の中で、『論語』の思想を一切、手を付けず参照するなどということは決っしてしないのである。彼はこのように日本の近代企業での実務経験やヨーロッパの近代的企業管理法に基づいてそれに手を加え、転換をはかったのである。

4、「渋沢現象」の意義

マックス・ウェーバーはその著『プロテスタンティズムの倫理と資本主義の精神』と『儒教と道教』の中で、プロテスタンティズムの倫理と正反対の儒教倫理は近代的工業文明の誕生には適さないと論断した。このような考えは誤りである。なぜなら少なくとも日本の近代的工業発展の歴史には当てはまらないからである。

既に述べたように、五百社あまりの近代的企業を創設し、「日本の近代実業の父」と称される渋沢栄一が、一生涯企業を創設しその企業のために奮闘する時の思想的舵すなわち精神的支柱は、他でもない儒教倫理の第一の経典――『論語』であったのである。そのことは、儒教倫理はある程度手を加え転換をはかることによって、日本の近代的工業文明の誕生に重要な役割を果たし、マックス・ウェーバーの理論の破産を物語ったのである。

「渋沢現象」は孤立したものではない。日本では普遍的な意味を持っている。豊田紡績会社の創始者豊田佐吉〔一八六七〜一九三〇〕は『孟子』の「天の時は地の利に如《し》かず〔及ばない〕、地の利は人の和に如《し》かず」から取って、座右の銘を「天地人」としそれを社是としたのである。後に豊田佐吉の息子豊田喜一郎〔一八九四〜一九五二〕はトヨタ自動車を創設し、また『中庸』の孔子の言葉「学を好むは知に近し。力《つと》めて行うは仁に近し」から取って、父の座右銘「天地人」の後に加えて「天地人知仁」を自分の座右の銘とし、父の事業を継いで「学を好み」「力《つと》めて行い」自ら努力することを表明したのである。豊田喜一郎はこの精神で自動車製造業界で五十年近く奮闘し、トヨタを世界的な競争力を有する自動車メーカーに育て上げたのである。

また、かつて日本財界の総理と言われた元経団連会長土光敏夫〔一八九六〜一九八八〕は、その座右の銘は「日に苟《まこと》に新たに、日々に新たに、又日に新たなれ」である。それは『大学』（殷の湯王の盤銘）から取ったものである。

日本の著名な企業家で日立化成工業社長横山亮次〔本書執筆当時の職名、一九二一〜〕は企業経営の中で『孟子』の「人を愛す者は人恒《つね》に之《これ》を愛し、人を敬う者は人恒《つね》に之《これ》を敬う」の思想を貫いた。彼は具体的に、「人を愛するとは現場の従業員が事故に遭って怪我をしないように保護することであり、所謂人を敬うとはすなわち上司、同僚、部下の人間関係が密接になるように配慮した上で、顧客に迷惑をかけないことである」[二五]と説明した。

アメリカの環太平洋研究所所長で大英百科全書編集長のフランク・ジプニーは次のように考える。日本が経済的に成功した本当の原因は、古代の儒教倫理とアメリカから導入した現代的経済民主主義とを融合しそれを絶妙に運用した点にあり、それは日本は東洋と西洋を組み合わせた「儒教資本主義」であり、その、人間を中心とした「人力資本思想」、調和を全てに優先させた人間関係、「高い生産性こそ善だ」とする労働道徳観こそが日本の経済発展における軽視しがたい要素である。(二六)

それでは、儒教思想はなぜ日本の近代実業家の精神的支柱となり、日本の近代工業の発展を促進した得たのか。それは、儒教自身について言えば、それが道徳修養を重視するために、実業家の指導イメージを形成したり、企業の長期的な利益を図るのに役立ったからである。またその「中庸」すなわち調和がとれたという原則は企業内上下、企業の内外、管理者と使用人などの関係を調整するのに役立ったからである。それは天地人の三才の総体観念であり、全面的に企業発展の重要な時機を把握するのに役立ち、企業を生存させ、強大にするのにも有利である。

儒教の外部――社会環境から言えば、日本は儒教の影響を非常に受けた国家であり、長期にわたるその沈澱を経て、儒教は既に日本人の思考様式及び感性に浸透したからである。更に近代工業文明では伝統文化の消極的要素を克服し、また伝統文化の積極的要素を利用しその順調な発展に寄与させせねばならないからである。

もちろん、筆者は儒教思想の中に近代工業文明と相容れない一面があるという、一般な見解を覆そうとするつもりはない。ただ、ここでは、儒教思想のある部分は手を加え転換をはかれば、工業文明の誕生及びその発展に適応するだけではなくてかつそれを促進することができることを説こうとしただけのことである。

二　老荘哲学と日本の近代哲学——夏目漱石を例とする

夏目漱石［一八六七〜一九一六］は日本の著名な文学者であり、思想家である。二度養子に出され、世間の様々の辛酸を嘗めた。幼少より漢学を好み、また漢学の二松学舎に学んだこともあり、中国伝統文化にかなり精通していた。彼は後に英語を学び、一八九〇年に東京帝国大学英文科に進み、一九〇〇年にはイギリスに留学して文学を研究し二年後に帰国し、東京帝国大学講師となる。ところが、一九〇七年大学を辞職し朝日新聞に入社し専業作家となったのである。彼は生涯に十五部の中短編小説と二部の文学理論書を書き、その他に多くの詩歌、評論、手紙、日記を残した。日本の学者は彼のことを「日本近代文学の巨匠」と称した。魯迅も彼の作品にかなり高い評価を下した。「夏目の作品は想像力に富み文辞も美しいことで知られている。若い時の作品すなわち『ホトトギス』に掲載された『坊ちゃん』、『我が輩は猫である』などの諸編は軽快洒脱で機智に富んでおり、明治文壇の新江戸芸術派の正統であり、当世に並ぶものがない」(二七)。

ある日本の学者は「漱石の思想はヨーロッパの近代思想と東洋思想のぶつかりあいのなかで形

成されたといえましょう」[一八]と評価している。夏目の作品から見ると、彼が触れた「東洋思想」は日本の思想を除くと主に中国の思想文化であった。

1、老荘哲学との出会い

漱石は一生を通じて老荘哲学と密接な関係を持った。彼は大学在学中に「老子の哲学」という論文を書いたが、その中に書いた幾つかの図解から若くから老子哲学をかなり深く理解していたことがわかる。

修身
- （ア）無為（消極的）
  - （一）学問を廃す
    - （甲）講修学理するを廃す
    - （乙）致知格物の観察を廃す
  - （二）行為を廃す
    - （甲）道徳上
      - 仁
      - 義
      - 礼
      - 智
    - （乙）美術上…音楽等
    - （丙）肉体の快楽…衣食の贅沢等
  - （三）多言を廃す（多言数窮又云聖人行不言之教）
- （イ）復帰於嬰児（積極的？）
  - （一）足ることを知れ
  - （二）柔を守り物と争うなかれ
  - （三）静に安んじて下に居れ

政治

- 天下を得る方
  - （一）不敢為天下
  - （二）能守道
- 天下を得たる後…施悶々之政
  - （一）消極的
    - 除刑罰
    - 撤甲兵
    - 廃法令忌諱
  - （二）積極的
    - 教育
      - 無智
        - 不尚賢
        - 毀利器
        - 已技巧
      - 無欲
        - 不貴難得之財
        - 去耳目之楽
    - 方針
      - 守倹軽負斂
      - 善下民
      - 柔弱自居
      - 因物性禦之

道
- 絶対の道
  - （一）範囲
    - 無限
    - 無始
    - 無終
  - （二）体（無為）
    - 無形
    - 無声
    - 無臭
  - （三）用（有為）
    - 生万物
    - 無意識して法あり
    - 柔にして屈する能わず
- 相対の道
  - 人之道（損不足奉有余）
  - 不道（壮者必老）
  - 非道（盗夸）

　この図が現代の中国哲学研究者の手になるものとしても、全く不思議ではないくらいである。しかしそれは一八九一年の英文専攻の日本の大学生［夏目漱石］の手になるものであったのである。この図は漱石の老子哲学に対する理解の深さを物語るとともに、彼の中国古代文化への造詣の深さに人々を感嘆させずにはおかないのである（勿論彼の老子観に完全に同意するわけではないが）。

　これのみならず、この老子哲学に対する理解の深さは漱石の長い文学創作の中に貫かれていた。例えば、彼が「失題」（明治三十二年四月）という詩の中で、「胡僧、頓漸《とんぜん》を説き、老子、太玄を談《かた》る。物命、常理あるに、紫府、孰《たれ》か仙を求むる。眇然《びょうぜん》として倚託《いたく》無く、俛仰《ふぎょう》す地と天とに［以下、漱石の漢詩の訓読と解釈は吉川幸次郎『漱石詩注』【岩波新書、一九六七年】と最新版『漱石全集』第十八巻【岩波書店、一九九五年】の一海知義の訳注を参照する。印度、西域の仏僧は瞬間の悟りと時間をかけての悟りを説き、老子は太玄［虚無恬淡の考え］を語る。万物の運命には一定不変の法則があるのに、仙界では誰が仙を求めようか。ちっぽけで拠り所がなく、天を仰ぎ、地を伏して見る」と言う（『漱石全集』第十二巻、四〇四頁）。彼の出世作――『我が輩は猫である』（十一）には「無為にして化す［何も為すことをしないでも、民を教化する］」とあり、『坊ちゃん』（十一）には「天網恢恢、疎にして漏らさず［天の網は目が粗いようだが、悪人はその目から逃れることができない］」とある。『虞美人草』（五）には「言にして不知」などの老子の哲学的命題が使われている。また彼の小説にはよく「昔老子が言った……」の類の文がよく出てくる。以上のことは彼が老子哲学とその文学思想、文学作品を融合して一体としたことを物語っている。

漱石は生い立ちが不幸で性格が孤独であったために、荘子哲学にも非常に興味を抱いた。この点は彼の初期の作品に見ることができる。彼は『七草集評』（明治二十二年五月の作）の漢詩に「塵懐《じんかい》を洗い尽くして我と物とを忘れ、只《た》だ看《み》る窓外に古松鬱《こしょううつ》たるを。乾坤《けんこん》、深夜閴《げき》として声無く、空房《くうぼう》に黙坐して古仏の如《ごと》し［世間での塵のごとき俗な思いを洗い尽くし、我と物との区別から超越する境地に至り、窓外にはただ年経た松が鬱蒼としているのが見えるだけで、深夜寂として声なく、人気のない部屋に私ひとりが黙して座っており、古い仏像のようだ］」[二九]と言い、また「失題」（明治三十二年四月の作）に「往来して暫《しばら》く逍遥《しょうよう》し、出処《しゅっしょ》唯だ縁に随う［行き来してしばらく逍遙して、その出処進退は因縁に随うだけである」(三〇)と言う。また、「春興」(明治三十一年三月の作)の一つに「寸心何ぞ窈窕《ようちょう》たる、縹緲《ひょうびょう》として是非を忘る。三十我老《お》いんと欲し、韶光猶《しょうこうな》お依依《いい》たり。逍遥《しょうよう》して物化《ぶっか》に随い、悠然《ゆうぜん》として芬菲《ふんぴ》に対す［心とは何と奥深いものか、恍惚として相対的な判断を忘れる。三十歳にして私は将に老いようとしているが、春の光、景物はやはり柔らかく慕わしい。悠然として生きて万物の変化に随い、かぐわしきこの花の香りに接しよう］」(三一)と言っている。ここの「我と物とを忘る」、「是非を忘る」、「逍遥」、「物化」はどれも荘子の「斉物論篇」や「逍遥遊篇」の思想である。また彼は「中学改良策」(明治二十五年十二月稿)の中で、「所謂碧眼児《いわゆるへきがんじ》［西洋人］の到来を許したるは既に廿五年《にじゅうご》の昔《むか》しなり。指を屈すれば昔《むか》しなれども、成就したる事業の数発生したる事件の繁《しげ》きに比ぶれば、白駒隙《げき》を過ぐる事倏《すみや》かにして廿五年《にじゅうごねん》の歳月は転《うた》た其《そ》の短きに堪《た》えず」(三二)と指摘している。この文章の「白駒の隙《げき》を過ぐるが若《ごと》く、忽然《こつぜん》たるのみ［白馬が走り去るのを戸の隙間から覗き見るように全くあっけない］」は『荘子』「知北遊篇」が出典であり、人の一生すなわち生まれて死ぬまでは時がたつのが速いという意味である。更に彼の文学作品の『我が輩は猫である』(五、九、十一)、「薤露行」(二)、「趣味の遺伝」(二)や学術書の『文学論』(第五編第二章)などに荘子の思想、それを典故とする語句が何度も引用され、特に彼の絶筆『明暗』にはその傾向が著しい。

老荘哲学以外にも、漱石は中国の哲学思想の影響を受けた。たとえば、彼は「自画に題す」(大正三年)で「起臥《きが》す乾坤《けんこん》一草亭、眼中唯《た》だ有り四山《しざん》の青《せい》、閑来、鶴を放つ長松の下、又《ま》た虚堂《きょどう》に上《のぼ》って『易経』を読む［大自然の真っ直中にある粗末な家に寝起きし、目に入るものはただ四方の山々の木々の緑だけである。ひまをもてあますと鶴がやって来て背の高い松の下にいる。私はがらんとした座敷に上がり、『易経』を読む」(三三)と言い、また「無題」(明治三十二年)で「眼《め》には識《し》る東西の字、心には抱く古今の憂い、廿《にじゅう》年《ねん》混濁を愧《は》じ、而立《じりつ》纔《わず》かに頭《こうべ》を回《めぐ》らす、静座して復剥《ふくはく》を観《み》、虚懐《きょかい》、剛柔《ごうじゅう》を役《えき》す〔東西の文字に通じ、古今の出来事に心を悩ます。二十歳にしてその乱雑さを恥じ、三十歳にしてやっと来し方を反省した。静座して復剥【ともに『易経』の卦。復は窮迫からの回復、剥は極度の窮迫を意味する】を見、柔軟なこだわりのない心で剛柔【『易経』「繋辞伝 上」の語】を自在に使う〕」(三四)と言っている。このことから、彼が『周易』を読み、その思想的影響を受けたことは明らかである。彼はまた「失題」(明治三十二年四月)で「仰《あお》いでは日月の懸《か》かるを瞻《み》、俯《ふ》しては河岳《かがく》の連なるを瞰《み》る、曠《ひろ》い哉《かな》天地の際《さい》、浩気大千《だいせん》に塞《み》つ〔仰いでは日月が空に懸かるのを見、伏しては大河大山を見、広大なる天地には浩然の気【大いなるエネルギー】が満ち溢れている〕」(三五)と言う。この詩は彼が孟子の「善《よ》く浩然の気を養う」〔「公孫丑 上」〕の思想に賛同し、それを受け入れたことを物語っている。これらは漱石の文学作品に思想的な深みを増し、啓発的意義を高めた。

2、「則天去私」の文学思想

夏目漱石の文学活動(三十八歳で処女作『我が輩は猫である』を発表し一躍有名になった)はちょうど本世紀の初頭から二十年代にかけてであり、明治維新から既に半世紀たっていた。西欧諸国を手本とした資本主義的商工業の迅速な発展は、日本にかなり壮観な物質文明をもたらした。しかし、個人の精神生活にはかえって「奇形」が現れていた。漱石は『三四郎』、『それから』、『門』、『彼岸過迄』、『行人』、『道草』、『心』などの作品で、近代人の内面に隠された利己主義を暴くとともに、鋭く風刺したのである。日本の著名な文芸評論家中村光夫は、「［しかし漱石の独創は］この西洋文明の圧迫によって生じた国民生活の精神的空白という現象を、その代表者である知識階級の倫理の問題をしてはっきり捕え、それを彼の全制作の中心のテーマにした点です」(三六)と言っている。漱石は長年思索を重ね、晩年に何度も談話や揮毫で日本近代文学史上に重大な影響を与えた「則天去私」の思想を提起したのである。(三七)これも彼の晩年の作品を貫く主な思想である。「則天去私」思想の淵源については日中の学界では異なった意見が幾つかある。ある日本の学者は「「則天去私」という理念は、私にはきわめて自然に、『伝習録』の根本理念としての「天理を存して人欲を去る」ということを漱石自身が自ら主体的真理として切実に求めたことだと思われてくるのである」(三八)と考えている。つまり、彼は「則天去私」思想は主に王陽明の「天理を存して人欲を去る」の思想の影響を受けたと考えているのである。筆者はこのような見方は漱石の思想の実質を捕らえていなし、「則天去私」思想がどのような東洋文化を淵源とするかをきちんと探し出していないように思う。ある中国の学者は「則天去私は神と絶対的神聖の存在を信じその力に拠って人間の内面にある利己的相対的な醜悪な存在を浄化しようとするものである」(三九)とする。これは西洋思想によって「則天去私」を解釈したようだが、筆者は同意しかねる。

私は「則天去私」思想が提起されたのは、東西の文明の衝突、融合の結果であると思う。具体的に言えば、それは西洋精神文明の道徳喪失現象に直面し、フランスの啓蒙思想家ルソーの「自然に帰れ」論[四〇]に啓発され、老荘思想の合理的要素を吸収して形成されたものである。ルソーの理解した自然とは、社会や環境によって歪められてない、習俗や偏見に支配されない人間らしさ、すなわち人が生まれながらにある自由、平等、純朴、良知、善などである。

さて老子は「人は地に法《のっと》り、地は天に法《のっと》り、天は道に法《のっと》り、道は自然に法《のっと》る［人間は大地に自分の生活を依拠し、大地は天に依拠し、天は道に依拠し、道は自然に依拠する］[四一]」「素を見《あらわ》し、樸を抱き、私を少なくし欲を寡《すくな》くす［素（人間の純粋さ）をあらわし、樸（人間のあるがままの姿）を抱き、私情を抑え、欲望を少なくする］[四二]」「欲《ほっ》すべきを見ざれば、心をして乱れざらしむ［ほしがるものを見せなければ、民の心を乱れさせないようにさせることができる］[四三]」という思想を提起し、人が自然で質朴な本性を保持し、極端や奢侈に走ったり物質生活を過度に追求することに反対した。荘子は「牛馬の四足なるは、是《これ》を天と謂《い》う。馬首を落《まと》い、牛鼻を穿《うが》つ、是を人と謂《い》う。故に曰く人以て天を滅ぼす無く、故《こ》を以て命を滅ぼす無く、得を以て名を殉ずる無かれ［牛馬が四本足であるのは天（自然）と言うべきである。馬の首を綱でくくり、牛の鼻に穴をあけるのは人為である。だから、人為を以て天（自然）を滅ぼしてはならない、故（作為）を以て命（天命＝自然の定め）を滅ぼしてはならない、得（徳）を以て名声のために犠牲にしてはならない］[四四]」と指摘した。つまり彼は自然の全てはよい、人為の全ては悪い、だから人の目的のある活動を自然の運命に対抗させてはならず、既に持っている自然の天性を功名に殉じさせてはならないと考えたのである。老荘は、社会の発展には些か消極的ではあるが、物質が徐々に豊かになる中では人の自然の天性、質朴な本性を失わないように注意し、利欲の心に染まってはならず、人の素朴さを失ってはならないことを強く指摘したのである。この点は評価に値するのである。王陽明が封建道徳倫理の規範として提起した、物質生活での欲望を制限しようとする「天理を存して人欲を滅す」とは全く違うのである。

漱石は西洋物質文明が日本の社会生活に巨大な変化をもたらすに従って、大量の、倫理喪失、人心堕落の現象を生み出したことを見た。そして西洋に源を発する近代文明病に対して主に老荘の「人を以て天を滅ぼすなかれ」の哲学の積極的要素を吸収し（当然ながらある種の禅宗思想も排除しない）、「則天去私」の思想を提起し、あわせて晩年に至る創作にも応用したのである。そのような創作を通じて彼は人々に豊富な物質生活にあっては虚偽の心、功名の念をうち棄て、人が本来持っている純朴さ、善良さを保持するよう戒めようとしたのである。

漱石の『明暗』（一九一六年五月二十六日から同年十二月十四日まで『朝日新聞』に連載。執筆中漱石が亡くなったため、未完の作である）は津田とお延の結婚わずか半年の若い夫婦を中心に展開する。この夫婦は表面上不仲ではないが、それぞれに悩みを抱えている。夫は妻のことをわざとらしいと思い、妻は夫のことを勝手気ままだと考えている。津田はある会社の会社員で東京に住み、生活は京都の父替りの叔父の送金に頼っている。彼らは決して貧しくはないが、それ程裕福ではない。叔父から、生活に余裕がなくなったので、送金を停止するという手紙がきた。ちょうどこの時、津田は病気で入院し、そこで入院費を借りる工面をすることとなり、それが物語が展開する主な糸口となるのである。ここには人倫関係―親子の情という束縛があり、また計り知れない悪意による示唆がある。日常生活の物語を通して、資本主義のもたらした虚偽、嫉妬、猜疑、偏見、固執、傲慢などの醜悪を見せ付けるのである。作者は登場人物から鋭敏に二重の世界を見ているのである。すなわち彼らの表面、彼らの言葉は明快であり、堂々としているが、彼らの内心、魂は暗く、下劣なのである。『明暗』は日本文学界で日本近代文学の傑作の一つとされている。

漱石は老荘哲学の「則天去私」の思想を揚棄し、日本近代の物質文明と精神文明との巨大な隔絶を指摘し、あわせて人々が近代の物欲に染まらないように、道徳修養に気を配るように喚起したのである。漱石の「則天去私」思想やこの思想に基づく小説は今日に至るまでなお日本人に賞賛されている。これは彼個人の才能への敬服であるだけでなく、漱石作品に現れた社会の精神的危機が依然存在していることを物語っているのである。

三　中国古代の知恵と先端科学――湯川秀樹を例とする

既に述べてきたように、中国哲学は日本の近代哲学形成や文学、経済思想の発展に重要な役割を果たしたが、その他に日本の近代科学、乃至現代科学にも積極的影響を与えただろうか。歴史が示す答えは「イエス」である。そこで、ここでは日本初のノーベル賞受賞者であり、国際的著名な物理学者であり、科学哲学者である、湯川秀樹を例として、老荘哲学――古代の智恵と、粒子物理学――現在の先端科学とに有機的結び付きがあることを証明したい。

湯川秀樹［一九〇七～一九八一］は京都帝国大学教授小川琢治［一八七〇～一九四一、旧姓浅井、地理学者、中国歴史地理学の権威］の子として生まれた。一九二七年京都帝国大学理学部物理学科を卒業し一九三二年医師湯川玄洋の養子となり、玄洋の末娘スミと結婚した。彼は大阪大学助教授、コロンビア大学等の客員教授を歴任した。一九四八年から一九五三年にかけてアメリカのプリンストン大学、コロンビア大学の客員教授を務め、一九四九年中間子理論を提起したことによりノーベル物理学賞を受賞した。一九七〇年京都大学を定年退職し名誉教授になり、一九八一年に京都で病没した。また湯川秀樹は哲学思想家でもあり、老荘をはじめとする道家哲学を偏愛し、その科学の研究法に注目し多くの科学哲学に関する著作を残した。だから、日本の思想界では湯川を「表層は物理学者であったけれど、その内層は哲学者であったといってもさしつかえなかろう」(四五)と評価している。また中国の哲学界では最近ニーダム［一九〇〇～一九九五、イギリスの科学史学者、中国科学史研究の権威］やカプラ［一九三九～、ウィーン生まれ、高エネルギー物理学者、現代物理学と東洋神秘思想との類似性を説く。著書に『タオ自然学』（吉福伸逸他訳、工作舎、一九七九年）などがある］などと共に彼を「新道家」と呼ぶ人もいる。(四六)

1、老荘哲学と湯川秀樹の物理観

中国の伝統文化の受容の点からいえば、湯川は特に恵まれた家庭環境にあった。［父方の］祖父［浅井南冥、田辺藩の藩儒」は儒学者で明治維新後私塾を開いたことがあり、父は地理学者であったが、幼少の頃から中国古典を学びその漢学の素養を誇りとしていた。更に父は京都帝国大学教授就任後に、同僚の中国史学の教授内藤湖南［一八六六〜一九三四、近代日本を代表する歴史学者、新聞記者の後、京都帝国大学教授に招聘され、京大における東洋史学の基礎を作った人物］、中国哲学の教授狩野直喜［一八六八〜一九四七、近代日本を代表するシノロジスト、京大における中国文学・哲学研究の基礎を作った人物］等と懇意になるとともに、自身敦煌をはじめとする旧跡実地調査のためよく中国へ出かけ、まだ少年だった四人の男児に中国の伝統文化の話をよくした。父は仕事が多忙であったので、湯川の中国古典の教育は［母方の］祖父［小川駒橘、元紀州藩藩士、慶應義塾で福沢諭吉に師事し、長崎師範学校校長を経て、横浜正金銀行に長年勤務］が専ら授けた。まず『大学』、『論語』、『孟子』、『孝経』から始まり、続いて『礼記』、『春秋左氏伝』、『史記』、『唐宋八家文』などを学んだ。このように教育され、後に彼の兄弟の内、次兄貝塚茂樹［一九〇四〜一九八七、京都大学名誉教授、文化勲章受章］は著名な中国史学者、弟の小川環樹［一九一〇〜一九九三、京都大学名誉教授］は著名な中国文学者となったのである。

しかし、中国の伝統的哲学の中で、湯川が最も好んだのは老荘思想である。彼は「中学校に入るころには中国の古典でも、もっと面白いもの、もっと違った考え方の書物があるのではないかと思って父の書斎をあさった。『老子』や『荘子』をひっぱりだして読んでいるうちに、荘子を特に面白いと思うようになった。何度も読み返してみた。中学生のことではあり、どこまでわかったのか、どこが面白かったのかと、後になってから、かえって不思議に思うこともあった」[四七]、「中国の古代思想家の中で、私が最も興味をもち、好きなのが、老子と荘子であることは、中学時代も今もかわらない」[四八]と言っている。儒教特に朱子学は江戸時代、日本人から幅広く受け入れられたが、道家の学説は日本では決して流行したことがない。その上、湯川が受けた漢学の手ほどきも『論語』などの儒教学説から始められたのである。それにもかかわらず、彼はなぜ老荘哲学に「最も興味を持ち」、「最も好んだ」のか。この点は老荘哲学の特徴、湯川の個人的資質、彼の専攻などから総合的に考察を加えなければならない。

第一に、湯川の孤独な性格と老荘の世の中に憤慨し、名声を憎む処世観が比較的なじんだことが挙げられる。湯川は回想して、「いずれにしても、それらすべてを通じていえることは、非常に閉鎖的な心理状態だったということです。とにかく、自分は非常に孤独であるから、厭世的になり、宿命論的悲観論も出てくる」、「それで、どんなほうへいったかというと、これもたびたび書いたことだけれども、たとえば『老子』とか『荘子』とか、ああいう宿命論的なものが好きになったり……それが中学の上級のころでしょう」[四九]と言っている。彼は老荘という現実に不満を抱く思想に精神的慰めを得たのである。このことは中学時代に限らず晩年に至るまで続いた。

第二に、老荘哲学は、儒教が社会倫理を偏重するのと異なり、自然とその法則について、より多く論述されており、この点は物理学者が自然界を研究対象することと軌を一にしている。湯川が言うように、「老子や荘子の思想は、ギリシャ思想とは異質なように見える。しかし、それはそれで一種の徹底した合理主義的な考え方であり、独特の自然哲学として、今日でもなお珍重すべきものをふくんでいると思う」(五〇)のである。

第三に、儒教の斉一、規範を重視する「中庸」思想と異なり、老荘哲学は個性を際立たせ自由を重んじる思想である。これは湯川が一貫して創造性を重視してきたことと合致している。荘子の思想はロマン主義的色彩が強く、創造性に富んだ寓言は往々にして奥深い哲理を表している。彼は美醜の基準が相対的であることを説こうとして、「毛嬙《もうしょう》と麗姫《りき》は人の美とする所なり、しかれども、魚は之を見て深く入り、鳥は之を見て高く飛び、麋鹿《しか》は之を見て決《たちま》ち驟《はし》る、四者は孰《いず》れか天下の正色を知らんや［毛嬙《もうしょう》と麗姫《りき》とは、人が誰も美しいと思う者であるが、魚はこれを見て恐れ水中深く潜り込み、鳥はこれを見て驚き高く飛び上がり、鹿はこれを見てたちまち走り去る。四者【人間、魚、鳥、鹿】のうち誰が正色【本当の美しさ】を知るだろうか］」(五一)と言っている。とても興味深い。また老子の哲学にも鮮明な個性を見ることができる。著名な物理学者である湯川は科学的発見を主に創造的に思考する過程だと見做し、彼の「創造性の理論」を発展させた。また彼はこの方面の著作を多数発表し、その上自ら創造学研究学会を発起し発足させたのである。以上のことから、彼は老荘哲学との「因縁」を語る時、老荘の哲学について、「そこには人間はかくのごとく思考し行動すべし、という儒教の枠を越えた自由な思想に接した喜びもある」(五二)「［荘子には］読み方の頭の働きを刺激し、活発にしてくれるものが非常に多い気がする」(五三)と言うのである。

第四に、老荘の発展、変化の思想が、近代「物理学革命」と現代物理学の発展の趨勢と合致していることである。老子は天地の間の万事万物の中には互いに矛盾した対立面が存在し、それは一定不変のものではないと認識した。一方、荘子は天道は「大塊《だいち》の噫気《あくび》」（「斉物論篇」）の交響楽のように刻々と変化して止まないものと考えた。「道に終始なく、物に生死有り。其《そ》の成るを恃《たの》まず。一虚一満、其《そ》の形に位《とどまら》ず［道は時間を超越しているから、始めも終わりもなく、万物は生滅し、有限な存在である。その完成はたよりにならない。ある時には欠け、ある時には満ちて、その形は止まることがない］」（『荘子』「秋水篇」）。事物は時々刻々変化し、虚満、生死は一時の現象にすぎず、その形態も固定されることはない。無論老荘思想にもそれなりの限界はある。たとえば荘子が、事物が絶対的に運動することを強調するあまり、その相対的に静止していることを無視するなどの弊害である。湯川は積極的意味から老荘を肯定して、「［それは、私にとって］老荘は思想であり、宗教でも倫理でもなかったことです。その違いは「通過」——あるいは「一時停止」——という言葉と、「到達」という言葉の違いとして表現できると、私は思うのです。ここで到達といったのは、何か到達すべき目標、理想像、終着点というイメージにつながる。これに対して通過というのは、そこを通る、そこで一時停止することに大きな意味があるが、終着点ではなくて、途中の駅だというニュアンスがある。そういうつもりで、到達と通過という言葉を使ったわけです」（五四）と言っている。

さて、十九世紀末から二十世紀初めにかけて、物理学者の間では、その研究方法に革命的飛躍が起こった。それ以前、物理学は主に二つの基本的相互作用——引力と電磁気について研究されていた。その上それはすでにかなり完全なところまで発達したと見られており、一般的物理現象は相応の理論によって説明がつくと考えられていた。ニュートン力学は低速マクロ物体の運動法則を概括し、電磁気現象の法則はマックスウェル方程式に、熱現象の理論は熱力学に総括されたのである。物理学の主な枠組みは既に構築され、残された仕事は幾つかの物理定数をより正確に測定するか、幾つかの基本法則を各種の具体的問題に応用することだけであると、多くの人は考えていたのである。ところが生産や実験技術が絶え間なく向上するに従って、物理学は多くの新しい課題に直面した。そして古い理論がそれほど完全ではないことが人々に認識されたのである。なぜならそれが新たに発見された幾つかの現象をうまく解釈できなかったからである。たとえば黒体輻射とマイケルソンの実験は古典的物理学の理論を巨大な困難に直面させ、ミクロ粒子の発見も新しい問題を提起したのである。これらは物理学の理論を新段階に導いた。二十世紀以来、相対論、量子論、原子物理学、粒子物理学及び物性物理学〔凝縮系物理学〕はこの気運に応じて生まれた。新しい研究領域は絶えず開拓され、物理学の姿は根本から変化した。だから湯川は近、現代物理学史に立脚し、一歩進んで「通過する」特徴を持つ老荘思想を好む理由を述べたのである。彼は学問上、「到達」点などありえない、「プランク〔一八五七〜一九四七〕とかアインシュタイン〔一八七九〜一九五五〕とかいう偉い物理学者が何人もでてきて、ニュートン力学をひっくり返してしまった、というといい過ぎになりますが、とにかくニュートンは終着点、到達点、ではなくなった。教祖に近いけれど教祖ではない。長い間、停車しなければならなかったが、結局は通過すべき途中の駅だった。まだ先がある。どこに終着点があるか、まだわからない」、「さて老子、荘子というのは、明らかに到達点ではない。非常に独創的な、面白い思想には違いないが、それだけで終わらないことも確かです[五五]」と言っている。

　この意味から言えば、老荘の変化、発展の思想と、自然科学の、絶対不変の認識や定理はなく、不断に発見し、不断に新しいものを作り出すことによって始めて新しい真理を探求することができるという精神とは、共通性があるのである。この点が湯川が中国哲学の中で老荘思想を最も好んだ深層における理由のようである。

　湯川は老荘思想と彼の研究生活との関係を回顧し、「私はいったんは老荘の世界とは訣別して物理の世界に入ったわけだが、壮年期以後、ふたたび老荘思想が私の心の中にはっきりとよみがえってきた[五六]」と指摘している。つまり、湯川が老荘哲学に出会った経歴は、興味を覚え――離れ――回帰するという過程として表われた。ところが、実質から見れば、「興味を覚え」たと言うのは彼が少年の時、老荘哲学に覚えた素朴な新鮮さであり、「離れ」たと言うのは老荘哲学を棄てたのではなく、興味の中心がしばらく別のものに移ったのであり、それはちょうど西洋文化（初期現代物理学、科学方法論、人文科学を含む）を学び吸収することに努めた時期であった。「回帰」したと言うのはそれほど単純なものではない。困難で苦しい科学研究を行ううちに、西洋の伝統的科学の方法（論理方法、実験方法など）にも限界があることに気づき、彼が自家薬籠中の物とした現代物理学によって老荘思想を再認識し再発見し再評価し、それに「新しい生命を吹き込んだ」

と言うのである。

だから湯川は自分の中年以降の状況について、「他の物理学者と違って、私の場合には、長い年月を通じて一番惹かれているというか、一番影響されているものとして、老子とか荘子とかいう人達の思想があるわけです。一種の東洋的な思想ですが、それがやはり私が物理学に関する問題を考える時にも、自分で気のつかぬ間に入ってきている」(五七)と言っている。それでは老荘思想は彼の物理学研究にどのような具体的影響を及ぼしたのか。彼は二つ例を挙げている。一つは「素領域」概念の形成である。「一九五〇年になって、非局所場に関する論文を発表した頃の私は、それを実体論と本質論の一種の総合統一への第一歩だと思っていたのである。このころには、予期されていなかった新粒子が何種類も宇宙線中に発見されつつあった。……しかし、前よりも一層、望みが大きいだけに困難もまたずっと大きく、満足すべき理論に到達するのに長い年月がかかるだろうと覚悟していた。実際それ以後、今日までの二十数年間、私は悪戦苦闘を続けてきたのである。その間に私は、いろいろなことを思いついたが、それらのきっかけになったのは、一つは一般相対論の精神を、素粒子の探究に新しい形で復活さそうとしたことであり、もう一つは長い間、忘れていた荘子を想い起こすことであった。両者は時代を遠くへだてているにもかかわらず、どちらも容れるものとしての時間・空間――あるいは天地――と、中身としての物質、エネルギー――あるいは万物――の相互関係を問題としている点が共通していて、そこに他のもろもろの思想に見られぬユニークさがあると、私は思うようになった。そして『素粒子』〔片山泰久、福留秀雄両氏との共著、岩波新書」の中でも述べたように、荘子の思想の流れを汲む詩人、李白の「天地は万物の逆旅にして、光陰は百代の過客なり」という一文の想起が、一九六六年のある日、私の思索を素領域[五八]の概念へと結晶させたのである」[五九]。

更に影響にはもう一つある。湯川が素粒子物理学に「渾沌」説を提唱したことである。彼は次のように言っている。四、五年前、素粒子を思考する過程で突然『荘子』の「渾沌」の故事を思い出し、「私は長年の間、素粒子の研究をしているわけだが、今では三十数種にも及ぶ素粒子が発見され、それらがそれぞれ謎めいた性格をもっている。こうなると素粒子よりも、もう一つ進んだ先のものを考えなければならなくなっている。一番基礎になる素材に到達したいのだが、その素材が三十種類もあっては困る。それは一番の根本になるものであり、あるきまった形をもっているものではなく、またわれわれが今知っている素粒子のどれというのでもない。さまざまな素粒子に分化する可能性をもった、しかしまだ未分化の何物かであろう。今までに知っている言葉でいうならば渾沌というようなものであろう、などと考えているうちに、この寓話（荘子）を思い出したわけである」[六〇]、『荘子』の中の「渾沌」は素粒子の世界とあい通じている。荘子は言う、もし渾沌にある形を強いて加えようとすれば、それは渾沌を消滅させることを意味すると言う。このような言い方は人によってそれぞれ異なる意味を持つだろうが、私が見るところ、それは我々が素粒子研究をする時にそのような事態に遭遇することを表している」[六一]、「素粒子の基礎理論について考えているのは私だけではない。ドイツのハイゼンベルグ教授［一九〇一～一九七六］は、やはり素粒子のもとになるものを考え、それをドイツ語でウルマテリー（原物質）とよんでいる。名前は原物質でも渾沌でもいいわけだが、しかし私の考えていることとハイゼンベルグ教授のそれとは似たところもあるけれども、またちがったところもある」[六二]、「思うに、現代物理学は多くの点で古代哲学の木霊《こだま》であると言う性質を帯びているようである。実際、古代のある学者の思想的インスピレーションが、ずっと後のある発見などに影響を与えているのである」[六三]。事実は確かにそうであって、ボーア［一八八五〜一九六二］、ハイゼンベルグなどの西欧の現代物理学者は、量子力学を形成し発展させる中で古代ギリシアの哲学者デモクリトスの「原子論」から多くの啓示を受けたのである。だからハイゼンベルグは言っている、もしギリシアの自然哲学の知識がない人がいたとしたら、その人が現代原子物理学を進展させることはまず無理であろう、と。しかし、湯川はその人とは違う。彼らとの相違点は、老荘哲学や古代の東洋思想からインスピレーションを得、それを現代の科学知識と結び付け、それによって現代物理学の発展に多大な貢献をした点にある。湯川は同時にハイゼンベルグの前述の観点の一面性をも正したのである。このことはある条件のもとでは、中国哲学に存在する一部の合理的思想は現代自然科学の発展にも役立つことを物語っているのである。

2、老荘哲学と現代自然科学

現代「物理学の革命」が西欧で起こり、数学の現代科学における役割が益々大きくなっていくと、科学界には二つの偏見が形成された。一つには西洋の思惟様式こそが科学の発展に適合する唯一の思惟様式であるという考え方であり、二つには一部の若手物理学者の理論物理学に対する見方、すなわち理論物理学は抽象代数学で補われた多変数複素函数論であると見る考え方である。彼らは東洋文化に蔵された直感や類比という創造的思惟を軽視したので、大いに科学的予見力は減じられたのである。湯川はこのような事態を焦慮し、彼の豊富な中国古代哲学の知識や深い西洋科学文化に対する素養を動員し、老荘哲学が現代科学にいかに重要な啓示を与えるかを解き明かしたのである。

　第一、概念の相対性思想について。『老子』の巻頭に指摘されている、「道の道《い》うべきは常の道にあらず。名の名とすべきは常の名にあらず」を、湯川は、「本当の道は、つまり自然の理法は、ありきたりの道、常識的な理法ではない。本当の名、あるいは概念は、ありきたりの名、常識的概念ではない」、「こんなふうに解釈したくなるのは、私が物理学者であるためかも知れない。十七世紀にガリレー〔一五六四～一六四二〕やニュートン〔一六四三～一七二七〕が新しい物理学の「道」を発見するまでは、アリストテレス〔紀元前三八四～三二二〕の物理学が「常道」であった。ニュートン力学が確立され、それが道とすべき道とわかると、やがてそれは物理学の唯一絶対の道とされるようになった。質点という新しい「名」がやがて「常名」となった。二十世紀の物理学は、この常道を超えて新しい道を発見することから始まった。今日では、この新しい道が、すでに特殊相対論や量子力学という形で、常道になってしまっているのである。「四次元世界」とか「確率振幅」とかいう奇妙な名も、今日では常名になりすぎているくらいである。もう一度、常道ではない道、常名でない名を見つけださねばならない。そう思うと二千数百年前の老子の言葉が、非常に新鮮に感じられるのである」(六四)と解釈している。老子の「道の道《い》うべきは常の道にあらず。名の名とすべきは常の名にあらず」は学界では普通、「言うことができる道は常の道ではない。呼ぶことができる名は常の名ではない」と解釈される。湯川の解釈はこれと異なるが、思想内容から言えばやはり老子の哲学と精神的に通じている。たとえば老子は、「反は道の動(六五)」「道の常は名無し(六六)」と言っている。老子は名称とか概念は絶対的なものではなく、相対的であると考えた。一方、自然科学はたえず旧概念、旧理論を淘汰して新概念、新理論を創造する中で発展し前進するものである。だから両者には確かに共通点がある。

第二、天地造化の思想について。荘子は『荘子』「大宗師篇」に、「今、大《たくみ》なる冶《いものし》の金を鋳《い》るに、金の踊躍して、「我は且《まさ》に必ず鏌鋣《ばくや》にならんとす」と曰《い》えば、大《たくみ》なる冶《いものし》は必ず以て祥《よ》からざるの金と為さん。今、一たび人の形を犯して而《しか》も「人のみ人のみ」と曰《い》えば、夫《か》の造化《ぞうか》者は必ず以て祥《よ》からざるの人と為さん。今一たび天地を以て大なる鑪《ろ》となし、造化《ぞうか》を以て大《たくみ》なる冶《いものし》と為さば、悪《いずく》に往くとして可ならざらんや。成然《やすら》かに寐《ねむ》り、蘧然《おどろ》きて覚めんのみ［今巧みな鋳物師が金物を鋳ようとしているとしよう。その時金《かね》が炉から躍り出て、「私は必ずや鏌鋣《ばくや》【古代の名剣の名】なる」と言ったら、巧みな鋳物師は必ず不吉な金《かね》だと思うだろう。同じように、一度人の形を与えられながら、「人でいたい、人でいたい」と言うならば、かの造化者は必ずや不吉な人間だと考えるだろう。今、仮に造化者を巧みな鋳物師とするならば、どのような形にしようがよいはずである。死ぬのなら、安らかに死ねばよいし、生きるのならぱっと目覚めればよい」」と言っている。ここには自然法則が全ての天地造化を決定するという思想が寓されている。湯川は、「数年前から私は、折りにふれて物理法則を目に見えない「鋳型」にたとえてきた。今日、私たちは自然界が何種類かの素粒子からできていることを知っている。その中の一つの種類の素粒子、たとえば電子は、いくつあってもたがいに寸分ちがわぬ。どこで、いつ、つくられても、電子は全く同じ質量をもち、同じ電気をもっている。これは自然界の法則性の最も基本的な形での一つの現れである。そういう同じものを、いくつでも生みだす、目に見えない機構が、自然界に内在しているわけである。それを比喩的に「目に見えない鋳型」と、私は呼んできたのである。ところが最近、『荘子』を読返している中に、これと全くよく似た比喩を見出して大いに驚いた。それは内篇の「大宗師」の一節である……」、「荘子は人間も大きな天地の中で、目に見えない鋳型で打ち出され、時がくれば、また打ち直されて別のものになったりするのだと思ったら、生も死も大した違いはないという比喩で、死を超越しようとした。私は人間よりは、むしろ素粒子の生と死を問題としていたわけであるが、それにしても、荘子が大昔に考えたことが、私の考えることに、どうしてこうも似ているのか。私にとって、荘子はまことに不思議な思想家である。[六七]」と指摘している。湯川はここでは現代物理学の高みに立ち、唯物主義の立場から荘子の天地造化の思想を掘り起こし解釈したのである。その哲学的価値、科学方法論上の意義は、ハイゼンベルグら現代物理学者が行った古代ギリシアの原子論的自然観の解明に決して劣るものではない。彼らとの相違点は湯川の方が東洋文化のロマン主義的な色彩を帯びている点にある。

第三、直感について。湯川は、「それら［直感あるいは想像力］は、古代ギリシャの天才たちにも、古代中国の天才たちにも、共に豊かに恵まれていたのです」（六八）と指摘している。直感とはこれまで経験した知識の集積に基づき、物の本質を瞬時に把握する能力及びこの能力に基づき生まれた思想を指す。直感的思惟方法には三つの特徴すなわち非論理性、「智力図像」性、思惟過程中断性があると考える人がいる。（六九）ところが哲学史上に表われた各種の直感的思惟方法は必ずしも三つの特徴を全部含んでいるわけではなく、あるものは第一の特徴が突出し、あるものは第二と第三の特徴が突出している。荘子の直感的思惟方法は第一の特徴が突出している。『荘子』「秋水篇」では興味深い故事を通してこの点が表わされている、「荘子、恵子と濠梁の上に游ぶ。荘子曰く、〝儵魚《ゆうぎょ》出游して従容《しょうよう》たる、是れ魚の楽しみなり〟と。恵子曰く、〝子、魚に非ず、安《いずく》んぞ魚の楽しみを知らんや〟と。荘子曰く〝子、我れに非《あら》ず、安《いずく》んぞ我れの魚の楽しみを知らざるを知らんや〟と。恵子曰く〝我れ子に非《あら》ざれば固《もと》より子を知らざらん。子固《もと》より魚に非《あら》ざれば、子の魚の楽しみを知らざること全し〟と。荘子曰く〝請う其《そ》の本に循わん。子曰《い》いて、汝安《いずく》んぞ魚の楽しみを知らんやと云えるは、既に已に吾れ之を知るを知りて我れに問うなり。我れ之《これ》を濠上に知れり〟と［荘子は恵子と濠水の辺をぶらぶらしていた。荘子が「はやが悠然と泳いでいる。これは魚が楽しんでいるのだ」と言うと、恵子が「君は魚ではないのだから、どうして魚の楽しみがわかるだろうか」と尋ねた。荘子はこれに答え、「君は私ではないのだから、どうして私が魚の楽しみをわからないことがわかるだろうか」と言った。恵子は更に「私は確かに君ではないから、君が考えていることはわからない。君も魚ではないのだから、君に魚の楽しみがわからないのも確実だ」と尋ねた。荘子はこれに反論して、「議論の根本に立ち返ろう。君が〝君は魚でもないのにどうして魚の楽しみがわかるだろうか〟と言ったのは、君が私のことがわかっているから問い詰めたのだ。ならば、私に魚の楽しみがわかってもおかしくなかろう。私は濠水のほとりで魚の楽しみがわかったのだ」」。湯川はこの話に非常に興味を示し、「この話は禅問答に似ているが、実は大分ちがっている。禅はいつも科学のとどかぬところへ話をもってゆくが、荘子と恵子との問答は、科学の合理性と実証性に、かかわりをもっているという見方もできる。恵子の論法の方が荘子よりはるかに理路整然としているように見える。また魚の楽しみというような、はっきりした定義もできず、実証も不可能なものを認めないという方が、科学の伝統的立場に近いように思われる。しかし、私自身は科学者の一人であるにもかかわらず、荘子の言わんとするところの方が、より強く同感したくなるのである」と言っている。(七〇)だから六十年代には、湯川は記念に何か字句を書いてくれるように請われると、常に「知魚楽」の三字を書いた。たとえば名古屋大学理学部物理学科会議室の壁には今なお彼が書いた「知魚楽」の条幅が掛けられている。また彼は一九六五年九月京都で行われた中間子理論発表三十周年素粒子国際会議の席上、「知魚楽」の故事の英訳を外国の物理学者に配った。彼らは非常に関心を示し、各自、自分の思考方法が荘子に近いかそれとも恵子に近いかを考えたのである。

なぜ湯川は「知魚楽」の故事をこのようにまで愛し、荘子に共感したのか。これには深い科学史的背景がある。まず科学者の思惟方法には大体両極端の方法がある。まず一つの方法は、証明されていない一切の事物を信じないというものであり、もう一つの方法は、それが存在しないか否か、発生したことがないか否かについてどんな論証も加えられていない一切の事物を疑わないというものである。前者は杓子定規にすぎ、このことは科学史の上で充分明確に証明されている。たとえば十九世紀、原子の存在は全く直接的な証明はされていなかったにも関わらず、原子は存在するという仮説に拠って研究した科学者たちはかえってこの仮説に拠らない科学者たちよりはるかに自然界をより深く、広く認識していたのである。後者はまた主体性があまりにも欠如している。というのは、科学は思惟の過程、あるいは実践の過程で選択することを避けられないからである。別の言い方をすれば、自覚するか否かは別として、想像できる限りの全部の可能性のうちのほとんどの可能性をしばらく計算に入れないか、忘れなければならないのである。以上のことから、この両極端の思惟方法は自然科学の研究の妨げになる。

次に、論理的証明や実験では素粒子を探究するにはある程度の限界があった。当時の物理学者が最も困惑したのは、所謂素粒子の本質である。ある肯定的条件のもとでは、素粒子は原子よりもはるかに小さいことがあり、更に厳密な観点から見ると素粒子には自己の構造がある可能性が高い。しかし実際実験で直接このような細部を識別するのは全く困難であった。

だから湯川はまた、「私などは、これとは反対に、素粒子の構造は何等かの仕方で合理的に把握できるだろうと信じて、ああでもない、こうでもないと思い悩んでいる。荘子が魚の楽みを知ったようには簡単にいかないが、いつかは素粒子の心を知ったといえる日がくるだろうと思っている。しかし、そのためには、今までの常識の枠を破った奇妙な考え方をしなければならないかも知れない」(七一)と言っている。ここで言う「奇妙な考え方」とはつまり荘子の「知魚楽」のような直感的思惟方法のことである。これが科学的に再構築され高められれば、前述の両極端の思惟方法の偏りを正し、論理と実験の不備を補い（あるいは互いに補い合い）、素粒子研究に役立てることができる。湯川の親しい研究上の助手で著名な物理学者坂田昌一［一九一一〜一九七〇］は更に一歩進めて荘子の直感的思惟方法の現実的意義を明らかにした。彼は、「「知魚楽」の精神は正に現代物理学の精神を貫いている。それは現象の背後に隠れた本質を問題として出現させるのである」(七二)と言っている。湯川はさらに、「今日まで東洋的なものの考え方は非論理的であるとかなんとかいうようなことばかりいわれてきて、科学の発達の障害になる、というふうな意見が多かったのでありますが、わたくし自身は、必ずしもそうでないと、前から思っており、近頃ますます強く、そう思うようになりました」(七三)と指摘する。量子力学における不確定性原理や確率振幅の概念は西洋人には非常に理解しがたいが、東洋人には大変受入れやすいのである。このことはその思惟様式と関係がないとは言えないのである。従って荘子の思想を始めとする中国古代の直感的思惟の合理性は充分に肯定されたのである。

第四、類推について。類推とは二つの対象に含まれる属性が類似している場合、他の属性についても類似する可能性があると推測することである。湯川の言葉を借りれば、「特に著しいのは類推であります。ある領域で成立する関係を他の領域にあてはめて見る仕方の中の、最も具体的なのが類推であります。この点は古来、中国人の最も得意とするところであります。その最も古い形が比喩であります」。(七四)湯川はその著作の中でしばしば類推、特に中国古代の類推（比喩）について言及した。これには重要な理由がある。その一つは類推の思惟は近、現代自然科学の発展の中で重要な役割を果たしたからである。たとえば一八〇三年イギリスの化学者ドルトン［一七六六～一八四四］は古代ギリシアの原子論と比較しながら、その当時構築され始めた当量定律や定組分定律を詳細に検討して、原子の概念を導入し、各原子にそれぞれ独立の原子量を確定しさえすれば、充分にこれらの定律を解釈できることを発見したのである。その後彼は近代原子論を樹立し、科学史上に一時代を画した。また東洋文化の素養のある湯川も類推法を当然ながら非常に重視したが、とりわけ老荘思想の類推法を重視したのである。

だから、彼は次のように言っている。もし歴史を振り返ると、「［ギリシア、イスラエル、インドおよび］中国といった地域に二千年以上も前にあらわれた、幾人かの大思想家ないしは哲学者に行当たります。彼らは類推あるいは比喩を大いに活用することによって人々に教えを説きました。私が思いますのに、彼らは単に他の人々を説得するためにそれを利用しただけでなく、彼ら自身にとって、それまでに知られていない真理を発見するためにもそれを用いたのでした」(七五)、「前にも申しましたように、私は『荘子』が大好きでしたが、その叙述には比喩が多く、逆説的なところも多いのですが、雄大な、そして愉快な空想の世界を開いてくれるのが、何よりの魅力でした」(七六)。

荘子は中国哲学の中で最もロマン主義的な色彩を帯びた哲学者であり、主に比喩や類推に依って哲学的問題を論証した。たとえば「斉物論篇」では狙公芧《ちょ》を賦《あた》う、罔両《もうりょう》影に問う、荘周夢に蝶になるなどの比喩を通して、どのような事物に対する認識にも、本来確固不変の是非の基準などはなく、是非の争いはどれも道の包括性を歪曲し分割することにすぎないことを論証し、一面的な認識に反対したのである。また「逍遥遊篇」では大鵬と小鳩《きゅう》、大椿《ちん》と朝菌の比喩を通してどのような事物も自己の本性や自己の置かれた客観的環境からは超越できないことを証明し、各々その本性に任せ自在に逍遥することを主張した。更に「秋水篇」では河伯と北海若との問答に借りて万物の大小、貴賤、生死、是非はどれも相対的であることを証明した。ある意味で、前述の素領域、物理学上の「渾沌」概念、「目に見えない鋳型」の思想は、湯川が荘子の類推の思惟を応用し成功した試みであったのである。

第五、総体的思惟について。湯川は、「これに対して老子や荘子は、いつも「自然」を思考の中心においた。自然と離れた人間は不幸であり」(七七)、さらにこれから展開して「私ども東洋人は、自己と世界とは一つのものである、人間と自然との間にはおのずからなる調和があるということをほとんど無意識的に信じている」(七八)と述べている。これは実際には老荘哲学を例としており、中国哲学の総体的思惟様式が高く評価されている。老子は「人は地に法《のっと》り、地は天に法《のっと》り、天は道に法《のっと》り、道は自然に法《のっと》る「人間は大地に自分の生活を依拠し、大地は天に依拠し、天は道に依拠し、道は自然に依拠する」という考え方を提唱し、人間は自然の中にあると考えた。一方、荘子は「天地は我れと並に生まれ、万物は我れと一たり」と述べ、個人と世界が一つの総体であることを強調した。「天人合一」の観点は中国哲学の総体的思惟を端的に要約したものである。言うまでもないが、そこには分析を軽視するという欠点もある。しかしマクロ宇宙を観察しようが、ミクロ世界を研究しようが、それはどちらもある程度の適用性を備えているのである。だから湯川は指摘する。前の渾沌の話も、それ自身はべつに小さな世界を相手にしたものではなく、むしろ大宇宙全体を相手にしているつもりであろう。自然界の根本になっている微小な素粒子とか、それに見合う小さなスケールの瞬間・空間を論じたものではないことは明らかである。「ところが、そこにわれわれが物理学を研究して、ようやく到達した、非常に小さな世界の姿がおぼろげに出てきているような感じがする。これは単なる偶然とは言いきれない。そう考えてくると、必ずしも科学の発達のもとになりうるのはギリシャ思想だけだともいえないように思う」[七九]。湯川はこれによって老荘哲学を始めとする総体的思惟の評価を恣意的に高め、西洋の形式論理を重んずる思惟方法の評価を下げたのでは決してない。彼は謹厳なる科学者として東西の二種類の思惟様式を融合してこそ現代科学の発展に寄与することができると考えたのである。「つまり、科学者には一方では非常にはっきりとしたイエスとノーとに分けてゆくような思考法と、それから何かをずうっと連続した一体としてみる考え方と、両方が昔からあり、その両方とも必要なことがますます明らかになってきた。両者を相補って科学的思考になっているのであります」[八〇]。

自然科学は人間に依って発見、創造され、また人間に依って応用、拡大される。しかし社会的存在である人間は階級的立場、政治的傾向を有する。もし自然科学の成果が合理的に使われれば、人々に巨大な利益と無比の幸福をもたらすであろう。これに反し、もしそれらの成果が濫用されたとすれば、人類に巨大な災難と無比の苦痛をもたらすであろう。第二次世界大戦での原爆の使用はこの典型である。だから湯川は、「しかし、原子爆弾の出現以来、私の考え方は、もう一度大きく変わらざるを得なくなった。科学文明の中に生きる私たちは、……人間のつくりだした「第二の自然」であるところの科学文明に、圧倒されはしないかと心配せざるを得なくなったのである。「天地は不仁、万物を以て芻狗《すうく》となす［用があれば用いられ、用が終われば捨てられることの譬え］」という老子の言葉が——天地を第二の自然もふくめた自然と解釈し、万物の中には人間もふくまれているかも知れないと危惧することによって——新しい意味を帯びて私に迫ってくるのである」[八一]と指摘している。ここでは老子の哲学の観点を応用し、明確に科学の成果を役立て、人類共同の利益、世界平和のために奉仕させるようにしなければならない、さもなければ「第二の自然」の懲罰に会うだろうと人々に警告しているのである。

もちろん、湯川が老荘の自然哲学を受容するとともに、老荘の人生観に含まれる、消極的厭世的思想の影響（たとえば彼が著作の中でしばしば老子の「小国寡民」の思想に興味を示したことなど）をいくらか受けていることにも注目しなければならない。いずれにせよ、彼が老荘哲学を理解し応用したのは、現代物理学の理論や西洋の合理的論理法を受容し、消化した上でのことであり、また粒子物理学の困難な研究や現代の世界に目を向け真剣に思索を重ねる中で積極的に再構築したものであり、単純な模倣では決してないのである。

3、老年期思想の現代性

自然科学者の間では、根深く強固な誤った観念がある。すなわち中国哲学に表れた東洋的思惟様式は科学の求めに応じられず、科学の進歩、発展を阻むだけであると言うものである。この観念は西洋人によってまず提起されたのだが、驚いたことには、多くの東洋人（中国や日本の学者も含む）にも「虚心に」受け入れられたのである。

中国思想を始めとする東洋的思惟様式には、形式論理の意識が未発達であったり、実験を軽視するなどの欠点がありながら、総体的思惟、創造的思惟（たとえば直感、類推など）、弁証法的思惟の傾向が突出しているなどの長所もある。また近現代自然科学はヨーロッパで発展したもので、西洋的思惟様式と密接な関係があるが、人類の歴史という長い流れから言えば、それはその一段階に過ぎず、ましてや中国の科学技術の全般的水準は秦漢から明代中期に至るまで一貫して世界の先端にあったのである。だから弁証法的、歴史的観点から見れば、東洋的思惟「阻害説」は成りたたないのである。

現代物理学に多大な影響を与えた湯川理論の形成に、老荘の思惟様式が深く寄与したという事実は、前述の「阻害説」を自壊させたのである。湯川はノーベル賞を受賞し、素粒子研究に長年従事する中で、次のように深く認識するに至る。「要するに私の中にさまざまな仕方で古い中国が入っているわけだが、それは私が科学者であるということとの間に矛盾を含みながら、かえって科学者の私に個性を与えるのに役立っているのではないかと思う」、「還暦を迎えた以後の私には、中国古代の老年期的思想がより身近に感じられてくるのである。しかも、それがまた、はなはだ現代性をもつ思想であるように思われるのである」(八二)。このような「湯川現象」は現代の科学者の間に衝撃を与え、彼らに東洋文化やその思惟様式を再評価させたのである。量子力学の創始者の一人であるハイゼンベルグはもともと科学研究の理論的源泉は西洋文化にしか存在せず、ギリシアの自然哲学の知識がなかったならば、現代物理学の進展に貢献するのは難しいと考えていた。後にそれを訂正、補充して言った。「第一次世界大戦以来、日本の科学研究の中で理論物理学への多大な貢献の兆しがあったようだが、そのことは東洋の伝統哲学と量子力学の哲学的本質との間に明確な関係があることを明らかにしている」(八三)。ここでの東洋の伝統哲学思想とは主に老荘哲学を指す。またアメリカの著名な物理学者カプラは、「道家は儒家よりはるかに神秘主義的傾向を持っているので、物理学との関係はより密接なのである。道教はヒンズー教や仏教と同様に理性的知識より直観的知恵の方にはるかに興味を示すのである。道家は理性的思惟領域には限界性や相対性があり、直感的知恵こそこの世界から解放されるための道であることを認識しているのである」(八四)と考えている。ここでの「神秘主義」とは宗教的意味で言っているではなく、東洋哲学の中で西洋の学者にとって神秘的で得たいの知れない、理論では分からないものを指しているらしい。更に散逸構造理論の創始者であるベルギーの科学者プリゴジン［一九一七～、物理化学者、ノーベル化学賞受賞］は、「中国文明は人類、社会、自然の関係を深く理解している」、「中国思想は西洋科学の範囲、意義を拡大しようとする哲学者や科学者にとって、終始啓発の源泉である」(八五)と指摘する。このことから見れば、これは重大な哲学上の問題、すなわち中国哲学と現代の自然科学との関係に関わるのである。湯川の言葉を借りれば、つまり「老年期的思想の現代性」(八六)なのである。では、なぜ中国哲学を始めとする東洋の思惟様式は人を驚喜させる程の「現代性」を呈し、現代の科学者に好感を持たれるのだろうか。

まず量子力学、相対性理論や生物学などの新理論が誕生するにつれて、総体的に物を見るという趨勢が科学の発展に重要な役割を果たした。現代科学の知識は、各種の異なる性質の事物の間には類似した構造があり、その起源、発生過程を同じくしていることをより深く明らかに示した。有機的総体としての客観世界は人間の頭脳の中で理論的な形式で複製されたのである。このことは複雑な総合的客体を研究しようとすれば、ただ元素分析の方法だけでは不十分であり、全体を総合的に見る方法でなければならないことを物語っている。中国哲学の総体的思惟様式はある程度客観的要求に応じている。だから、プリゴジンは正確に、「西洋科学が中国文化の総体性、協同性とうまく結びつけば、新しい自然哲学や自然観を導き出すであろう」(八七)と指摘している。

次に十七世紀以来、物理学は益々精密化し益々定量化する道を前進し続けた。これによって物理学ははっきりと直接経験を脱して抽象化の傾向に導かれた。そして抽象的術語によって示されたある量間の数学的関係が益々重要になってきたのである。ただし十九世紀に入っても、この抽象的過程はまだ事実から離れておらず、人々が自ら観察することができることに限られていた。したがって、抽象的数学が表すのはまだ自然界で発生した現象の忠実な表象であったのである。ところが二十世紀になると物理学はこのような直接の関係を求めることができなくなった。その上、物理学の視点で抽象化された理論から得られた数学関係で直接検証できるものはそのほんの一部分にすぎない。だからただ形式論理によったとすれば、困難に直面するか乃至は何の役にも立たないのであり、直感等の創造的思惟に助けを借りなければならないのである。湯川は、「特に二十世紀になってからの物理学の発達は、このような経路を取っているのであります。このような場合には、単なる論理だけではどうにもならない。全体を直観し、正しいものを洞察するほかないのであります。いいかえれば、矛盾を摘出することによりも、全体としての調和を見つけだすことが大切になってきます」(八八)と指摘している。そして老荘哲学の直観的思惟、類比的思惟は科学的再構築を経て、現代物理学の要求に適合できるようになったのである。

　更に、中国哲学の弁証法的思惟は量子力学の原理を始めとする現代科学と共通点がある。デンマークの物理学者ボーアが提起した量子力学の相補性原理によると、量子力学の枠組の中で古典的物理学によって原子現象を解釈すると、古典的物理学で求められる完全性は存在しえず、相互に排斥しあい相互に補いあうという古典物理学の概念を使って始めて現象の各状況を完全に解釈できると考えられたのである。また、ドイツのハイゼンベルグが提起した量子力学の不確定性原理では、ミクロ客体のどのような一対の互いに共役する物理量も、座標、運動量のどちらも同時に確定値を出すことができないのならば、すなわちそれらの測量結果を正確な予想とは認められないと考えられた。この原理は古典的物理学の全ての物理量は原則上同時に確定できるという観念を打ち破ったのである。この二つの原理は、老子の「万物は陰を負《お》いて陽を抱く」（すなわち陰と陽が互いに補う）や「道の道とすべきは常の道にあらず」（概念の相対性）などの中国哲学思想と符合するところがある。つまり後者［中国哲学思想］を学べば、前者［量子物理学の原理］を理解し、把握するのに役立てることができるのである。たとえばボーアの例がある。「ボーアは十分に彼の相補性原理と中国思想の間には平衡性があることを認識していた。彼が一九三七年中国を訪れた時、彼の量子理論は既に詳細周到であったが、中国古代の対立する両極の概念［陰陽］に強い衝撃を受けて、それ以後東洋文化に興味を示し続けた。……彼が盾形の紋章の図案を選ばねばならない時に、陰陽の互いに補う関係を表した中国の大極図を選んだ。それとともに・対立とはすなわち互いに補うことである・という銘を付け加えたのであった[八九]」。

既に述べたところは、もちろん中国哲学の思惟様式の弱点を否定し、それが古代社会に生まれその社会の痕跡を帯びることが不可避であるという事実を包み隠し、その積極的な改革を斥けようとしたわけでは決してない。また安直に老荘思想を近代化しようとしたわけでもない。人々――道家思想、儒教哲学の創始者の後裔たちに、「湯川現象」から重要な啓示を得て、西洋の進んだ文化を吸収するとともに、科学的態度で中国哲学やその思惟様式に対処し、揚棄し、それらを新時代にふさわしい形で輝かせるべきであると、注意を喚起したのである。

「西洋文明が唯一の文明でなく、西洋人の考え方が唯一の進歩した考え方ではない。これからの世界の人間が本当に幸福な生活を営んで行くためには、新しい意味における東洋と西洋との融合が必要なのではなかろうか[九〇]」。湯川のこの言葉にはかなりの先見性があり、我々が問題を考える上の出発点とすることができるのである。また、それは我々が到達しようとした目的でもある。

【第四章注】

（一）『論語講義』第一冊（講談社学術文庫、講談社、一九七七年、一九頁）。

（二）『論語講義』第一冊、一九～二一頁。

（三）『論語』「里仁篇」。

（四）『論語』「述而篇」。

（五）渋沢青淵記念財団竜門会編『渋沢栄一伝記資料』別巻六（『渋沢栄一伝記資料』刊行会、一九六二年、五二、五三頁）。

（六）『論語』「雍也篇」。

（七）『渋沢栄一伝記資料』第四一巻、一六八頁。

（八）『論語』「泰伯篇」。

（九）『渋沢栄一伝記資料』第四一巻、三七五頁。

（一〇）『渋沢栄一伝記資料』別巻六、五三頁。

（一一）『渋沢栄一伝記資料』第四一巻、三九〇頁。
（一二）『渋沢栄一伝記資料』第四一巻、三八一頁。
（一三）『渋沢栄一伝記資料』第四一巻、三四九頁。
（一四）『論語講義』第一冊、二三頁。
（一五）『論語講義』第一冊、二三〜二四頁。
（一六）『渋沢栄一伝記資料』第四一巻、三七九頁。
（一七）『渋沢栄一伝記資料』第四一巻、三八二頁。
（一八）『渋沢栄一伝記資料』第四一巻、三八一頁。
（一九）『渋沢栄一伝記資料』第四一巻、三九〇頁。
（二〇）『渋沢栄一伝記資料』第四一巻、一四三頁。
（二一）　中井英基「張謇と渋沢栄一」（『一橋論叢』一九八七年十二月）。
（二二）『論語講義』第二冊、二三頁。
（二三）『渋沢栄一伝記資料』第四一巻付録、三九七頁。
（二四）王家驊『儒家思想与日本文化』〔『儒家思想と日本文化』〕浙江人民出版社、一九九〇年、四二一頁。
（二五）『儒家思想与日本文化』四二一頁。
（二六）『人民日報』一九八六年一月十一日。
（二七）『現代日本小説集』付録（『魯迅全集』、第十巻、人民文学出版社、一九八一年、二一六〜二一七頁）。
（二八）中村新太郎『日本近代文学史話』〔『物語日本近代文学史　上』〈新日本出版社、一九七四年〉の中国語訳〕（北京大学出版社、一九八六年、一四九頁）。

（二九）『漱石全集』第十二巻（岩波書店、一九七五年、四五八頁）。
（三〇）『漱石全集』第十二巻、四〇四頁。
（三一）『漱石全集』第十二巻、四〇一頁。
（三二）『漱石全集』第十二巻、一一一頁。
（三三）『漱石全集』第十二巻、四一七頁。
（三四）『漱石全集』第十二巻、四〇三頁。
（三五）『漱石全集』第十二巻、四〇四頁。
（三六）中村光夫『日本の近代小説』（『岩波新書』岩波書店、一九五四年、一六九頁）。
（三七）「年譜」（『夏目漱石全集』別巻、筑摩書房、一九七三年、三九一頁）。
（三八）佐古純一郎『漱石研究』（汐文社、一九九〇年、三四二頁）。
（三九）何乃英『夏目漱石和他的小説』［『夏目漱石と彼の小説』］（北京出版社、一九八五年、一一二頁）。
（四〇）　ルソーは著名な哲学者であり、かなり名声のある文学者でもあった。彼の思想、作品は夏目の留学当時のイギリスでは大きな影響力を持っていた。その上、ルソーの思想は日本へは一八七七年に伝えられた。彼の『社会契約論』は一八七七年から一八八二年の五年間に服部徳と中江兆民による二種の訳本がある。以上のことは、夏目がルソーの思想を理解するためにはよい条件が整っていたのである。
（四一）『老子』二五章、［訓読、解釈は以下、福永光司訳『朝日古典選』〈朝日文庫〉に拠る］。
（四二）『老子』一九章。
（四三）『老子』三章。
（四四）『荘子』「秋水篇」、［訓読、解釈は以下、福永光司訳『朝日古典選』〈朝日文庫〉に拠る］。

（四五）中村元他監修『近代日本哲学思想家辞典』（東京書籍、一九八二年、五九三頁）。
（四六）『哲学動態』一九九二年四期、一七頁。
（四七）「荘子」（『湯川秀樹著作集』第六巻、岩波書店、一九八九年、二三頁）。
（四八）「荘子」（『湯川秀樹著作集』第六巻、二六頁）。
（四九）「学問と人生」（『湯川秀樹自選集』第一巻、朝日新聞社、一九七一年、一四頁）。
（五〇）「荘子」（『湯川秀樹著作集』第六巻、二七頁）。
（五一）『荘子』「斉物論篇」。
（五二）「一冊の本―老子―」（『湯川秀樹著作集』第六巻、六一頁）。
（五三）「荘子」（『湯川秀樹著作集』第六巻、二六頁）。
（五四）「私の生きがい論」（『湯川秀樹著作集』第四巻、一九八九年、三一八～三一九頁）。
（五五）「私の生きがい論」（『湯川秀樹著作集』第四巻、三二〇頁）。
（五六）「老年期的思想の現代性」（『湯川秀樹自選集』第三巻、一九七一年、四四五頁）。
（五七）「短い自叙伝」（『湯川秀樹著作集』第七巻、一九八九年、二〇～二一頁）。
（五八）　素領域を、湯川は、「いかなる形式のエネルギーも真空とつながりが生じた場合、そのつながりの形式の違いによって、我々はそれをある物質あるいは粒子、さらには素粒子という形で見ることができる。もし我々がこの領域が無限に小さく変化し、その場合、極限状況の下でそれを一つの粒子に相当すると想像すれば、我々の理論の表現はこれまでと同様に困難に遭遇するであろう。だから我々はこの領域のサイズに下限、すなわち最小の時空量子に対応した極限を設けた。これはこれ以上細分化できない領域である。これを我々は素領域と呼ぶのがふさわしい。「Space-Time and Elementary Particles」（『Creativity and

Intuition -A Physicist looks at East and West』、講談社インターナショナル、一九七三年）と解釈する。

（五九）「私の歩んできた道」（『湯川秀樹著作集』第七巻、六五頁）。

（六〇）「荘子」（『湯川秀樹著作集』第六巻、二四〜二五頁）。

（六一）「Space-Time and Elementary Particles」（『Creativity and Intuition -A Physicist looks at East and West』）。

（六二）「荘子」（『湯川秀樹著作集』第六巻、二五頁）。

（六三）「Space-Time and Elementary Particles」（『Creativity and Intuition -A Physicist looks at East and West』）。

（六四）「一冊の本—老子—」（『湯川秀樹自選集』第三巻、三七五〜三七八頁）。

（六五）『老子』四〇章。

（六六）『老子』三二章。

（六七）「目に見えない鋳型」（『湯川秀樹自選集』第三巻、三七〇頁）。

（六八）「科学的思索における直感と抽象—第一回アテネ会議における講演—」（『湯川秀樹自選集』第四巻、一九七一年、二四六頁）［原文は英文であり、訳文は『科学』に掲載された河辺六男氏のものに拠る。］。

（六九）周義澄『科学における創造と直感』一三八頁。

（七〇）「知魚楽」（『湯川秀樹著作集』第六巻、五七頁）。

（七一）「知魚楽」（『湯川秀樹著作集』第六巻、五八〜五九頁）。

（七二）『坂田昌一科学哲学論文集』（知識出版社、一九八七年、一九二頁）。

（七三）「父から聞いた中国の話」（『湯川秀樹著作集』第六巻、一〇頁）。

（七四）「東洋的思考」（『湯川秀樹自選集』第三巻、三五七頁）。
（七五）「科学における創造的思考」（『湯川秀樹自選集』第四巻、二六三頁）。〔原文は英文であり、訳文は『自選集』の井上健氏のものに拠る。〕
（七六）「東洋的思考」（『湯川秀樹自選集』第三巻、三五八頁）。
（七七）「一冊の本―老子―」『湯川秀樹自選集』第三巻、三七七頁）。
（七八）「東洋と西洋」（『湯川秀樹自選集』第三巻、三六二頁）。
（七九）「荘子」（『湯川秀樹著作集』第六巻、二七頁）。
（八〇）「父から聞いた中国の話」（『湯川秀樹著作集』第六巻、一一頁）。
（八一）「一冊の本―老子―」（『湯川秀樹自選集』第三巻、三七七頁）
（八二）「老年期的思想の現代性」（『湯川秀樹自選集』第三巻、一九七一年、四四五頁）。
（八三）灌耕編訳『現代物理学与東方神秘主義』〔『現代物理学と東方神秘主義』〕（四川人民出版社、一九八四年、五頁）。
（八四）『現代物理学与東方神秘主義』八六頁。
（八五）プリゴジン等著『渾沌から秩序ができるまで』（中国語訳、上海訳文出版社、一九八一年、一頁）。
（八六）「老年期的思想の現代性」（『湯川秀樹自選集』第三巻）。
（八七）『自然雑誌』一九七九年九期からの引用。
（八八）「東洋的思考」（『湯川秀樹自選集』第三巻、三五五頁）。
（八九）『現代物理学与東方神秘主義』一三二〜一三三頁。
（九〇）「東洋と西洋」（『湯川秀樹自選集』第三巻、三六二頁）。

結語　文化の近代化の源泉

中華の大地に生まれた中国哲学は、日本の古代から近代、現代に至るまで影響を与え続けた。日本の近代文化形成との関わりを考察し、その経験と教訓をくみ取ることは、中国の文化の近代化にも役立つ。

一、日本の文化の近代化に果たした中国哲学の影響を十分評価すべきである。日本の近代哲学の歴史を振り返ると、その草創期、西洋哲学の基礎を理解、消化して受容し、哲学の新たな概念の確立するために、中国哲学は最大の媒介者となり、日本の近代哲学の形成、発展に重要な役割を担った。次の時期においても、中国哲学の唯物観は日本の近代唯物論の「先行資料」となり、民本思想は自由民権運動の理論的武器となった。その後さらに、中国哲学は、西洋の近現代哲学理論といっそう深く融合されることで、近代日本におけるもっとも壮大な哲学大系――西田哲学の中に、東洋的色彩をもつ特色として表現された。中国哲学ぬきに、日本の近代哲学は、その発展の方向も東洋的特色も明確化しえなかったのである。

中国哲学は、近代思想史の観点からみても、また、日本近代の企業文化、文学思想、科学方法論の形成にも、大きな役割を果たした。ときには、西洋哲学とぎこちなく結びつけられたり、近代思想として見直されたり、あるいは、唯心主義体系の中に位置づけられることもあったが、それは民族文化の近代化に不可避の現象だった。中国哲学の重要な意義から目を背けることは許されない。だが、現在出版されているさまざまな日本の哲学史や思想史についての著作は、中国哲学について、日本の近代化にたいする否定的な面だけを語り、肯定的な側面には注目しない[一]。たとえば日本と中国の学者が共同で編集した『近代日本の哲学者』の序文が、「日本の啓蒙思想家はいずれも、儒教教育を受け、漢字についての知識も深かったため、西洋思想に対面したときにも、儒教的視点に依拠することになった。こうして、日本の啓蒙哲学には、儒教への批判と残滓の二つが併存することとなったのである」とするのも、こうした傾向の結果である[二]。儒学（中国哲学の明治期の名称）と西洋文化とは、対立と統一、衝突と融合の弁証的な関係にあるが、もっぱら前者の方だけを強調し、後者を無視、あるいは軽視してきた。このような見方はバランスを欠いているし、その結論は歴史的事実と一致しない。近代日本で最高の理論的水準に達した西田哲学に、中国哲学の影響を認めようとする哲学通史も見あたらない。日本文化の近代化に対する中国哲学の役割を正当に評価せず、日本の近代哲学の特色や方向性も把握していない現状は、すぐさま改めなければならない。

二、中国哲学は、継承のやり方によって、その成果も異なってくる。古代社会で生まれた素朴な理論であり、長所も短所も兼ね備える中国哲学が、新文化の源泉として、新たな情勢のもとでどのように継承されたかについては、検討を要する。日本の近代文化形成では、「復活」と「揚棄」の二種の方法がとられた。「復活」というのは、中国哲学がもつ封建道徳を復活して活用しようというものである。たとえば、ブルジョワジーによる「自由民権運動」に反対し、天皇の絶対的権威を守ろうとした明治天皇の侍講、永田元孚は、西洋からの学問を「才芸の学」という枠内にとどめる一方、「道徳の学は孔子を中心とする」として、封建主義の「忠孝仁義」の道を精神的基盤にすべきだと主張した。また明治中期に国粋主義が高まりを見せたときには、儒家倫理である「忠孝」思想が武士道と結びつけられて、反動的な社会的役割を果たした。新たな歴史的条件下で、封建的な旧文化を売り出したのだった。

「揚棄」というのは、中国哲学の概念、理論、思考様式を見直して、継承しようというものである。西周は、先秦の哲学、宋明の理学と西洋近代思想とを結びつけ、「哲学」、「理性」、「心理」と言った新概念の訳語を創案した。中江兆民は、進化論などの自然科学、および十八世紀フランスの唯物論などに基づき、荀子、王充、范縝といった人々の哲学を組み替え、日本における進化・唯物論の体系を編み出した。西田幾多郎は、荘子、陽明学などの中国哲学と西洋近現代哲学理論とを融合させ、緻密な哲学体系を作り出した。唯心主義の立場からとはいえ、古色蒼然とした哲学に、新時代の意義を賦与したのである。渋沢栄一は、近代経済思想から孔子の「義」、「利」の思想を再解釈し、『論語』に新たな活力を与えた。湯川秀樹は、現代物理学理論によって荘子の思想や寓言を見直し、東洋的な現代科学の方法論を提案した。伝統を読み直し、古いものから新しいものを導き出す「揚棄」は、時代の新たな文化を創造する重要な手法だった。いかに伝統を継承し、いかに伝統を見直すか、つまり伝統にどう向き合うかという問題について、日本の近代文化の形成におけるこの二つの方法がもつ得失は、多くのことを教えてくれるのである。

三、東洋文化の近代化は、それ固有の歴史的プロセスがあり、全面的な西洋化では断じて成功し得ない。進んだ西洋の学術を吸収し、民族文化を発展させるという課題において、「全面的西洋化」という思想は、非西欧世界の上空を長年おおってきた（中国は「五四新文化運動」以来今日までこの暗雲が漂っている）。

文化の実験といってよい、日本文化の近代化プロセスは、全面的西洋化が実際には現実的でなかったことを示している。中国やインドと比べて、日本の伝統文化は厚みに乏しいが、西洋の近代文化を修得するために日本はとりわけ力を注いだ。一八七八年から一八九四年にかけては、日本の歴史上、「欧化時代」と呼ばれている。

たしかに、日本の近代文化は次のような特色がある。第一に、ほとんどの一流の思想家が、欧米に留学や視察、あるいは赴任の経験を持っていたことである（明六社の啓蒙思想家や本書で論じた人物を想起してほしい）。西洋近代文化を彼らは熟知していた。第二に、欧米の学者を多数招聘し、また、西洋の思想、文化上の名著を幅広く翻訳することで、西洋の文化を素早く、体系的に受容したことである（一八七七年に東京大学が設立された時、三十九名の教授のうち、二十七名が外国人だった。また、二十世紀初頭、西田幾多郎が『善の研究』を執筆していたとき、欧米の最新の思潮であるジェームズやベルグソンが、日本国内で参照可能だった）。第三に、極端な欧化の思潮が、日本の社会の上層から下層に至るまで、出現したことである。一八八三年、首相の伊藤博文、外相の井上馨は、完璧に洋風で豪華な迎賓館——鹿鳴館を作った。館内のすべての活動も、洋服を身につけ、洋食を食べ、ダンスに熱中するといった、欧州をそのまま模倣したものだったが、この「鹿鳴館文化」は社会全体に普及した。第四に、啓蒙思想家として知られる福沢諭吉が提唱した「脱亜入欧」が、大きな影響を与えたことである。「一切万事西洋近時の文明を採り、独り日本の旧套を脱したるのみならず、亜細亜全州の中に在て新に一機軸を出し、主義とする所は唯脱亜の二字に在るのみ。……我国は隣国の開明を待て共に亜細亜を興すの猶予ある可らず、寧ろ其伍を脱して西洋の文明国と進退を共に」するという考えは、彼を中心とする欧化論者の政治的主張であると同時に、彼らの文化的思想の反映でもあった。[三]

こうした特色もあって、歴史の表面だけを見る人々は、日本文化の近代化を「脱亜入欧」や全面的西洋化をめざしたものと誤解しがちであるが、事実は異なる。中心的位置を占め、時代思潮を代表するような日本の思想家のほとんどは、その歴史的自覚の程度は異なるものの、東西文化を融合する道を歩んだのである。西周の考案した「哲学」、「理性」、「心理」といった訳語、中江兆民の死生観、自然観、東洋的色彩を持ちながら世界水準に達した西田幾多郎の哲学体系、「論語と算盤」を調和させる渋沢栄一の企業文化論、夏目漱石の「則天去私」の文学論、そして老荘哲学の示唆を受けた湯川秀樹の近代科学の方法論など、いずれもこのことを裏付ける。

近年、日本の学界に新たな動向が出てきた。中国文化の近代化を、西洋の衝撃への反応としてではなく、中国固有の歴史の帰結とみなそうとするのである。島田虔次京都大学名誉教授は、「(熊十力の)哲学というものは、伝統的な思想を総合再生させ、新しい哲学をクリエイトするという試みであったという事は明白であります。……つまり、儒教の哲学、或いは仏教の哲学というものが現在に適合なくてはいけない、その事を試みなくてはいけない、と言っております」「熊十力のそのような哲学的営為の中にこそ、伝統の発展的継承の姿が見られることは間違いない」と述べ[四]、溝口雄三東京大学教授は、「中国革命は、これらの近代以前の要素を母体とし、近代以前を否定したというより、継承したといえる」とする[五]。また、哲学者の古田光のように、東洋の伝統精神を掘り起こし、西洋現代文明に反省を加えねばならないとする者もいる。「技術革新や経済の高度成長の時期を経て、核拡散、環境破壊、管理社会化といった形で、いわゆる「西洋現代文明」の内包する諸矛盾があらわになってくるにつれ、これに対する原理的な疑惑や反省の動きも、さまざまな形で生じつつある。こうした思想史的状況の変化に対応して哲学・思想の領域においても、世界哲学史的観点から、あらためて東洋・日本の精神的伝統のもつ現代的な意味や可能性を問いなお」すべきだと、彼は述べている[六]。

東アジアの四頭のリトル・ドラゴン(台湾、香港、シンガポール、韓国)は、日本に続いて飛躍的発展を遂げたことで、人々に注目されたが、これらの国々と日本とは、歴史的にも文化的にも儒教文化圏に属し、中国哲学の影響を深く受けてきた。

以上のことから、次の二つの問題が浮上してくる。第一に、東洋文化の近代化には、独自の途をとるべきだということである。西洋近代文化は近代の工業文明発達の成果であるが、総体としては東洋の古代文化や近世文化より優れており、見習う意味をもつ。ただ、個人を重視する代わりに集団を軽視したり、自然と人間との調和や共生を図るかわりに、自然を征服の対象とするといった弱点もまた、欧米の文化的伝統に由来するものであり、批判的な観点も不可欠である。一方、東洋の諸国は、それぞれ独自の伝統文化を持ち、歴史的蓄積を重ねてきた。それら文化は、人々の社会心理の中に深く根をおろし、現実の生活に重要な役割（プラス面もマイナス面もあるが）を果たしているが、創造的な再生も待たれている。つまり、東洋諸国の文化の近代化は、全面西洋化ではなく、経済、政治、社会の現実を基盤に置いて、再生した伝統文化の長所と、批判を加えた西洋文化の合理的内容を、いま一度融合、構成した、新たな創造によって達成される。

第二に、いっそう独自であるべきなのは、東洋諸国における、中国文化の近代化の歴史的過程である。世界に抜きんでて豊穣な中国伝統文化は、世界文化の発展の到達点であると同時に、東アジアの伝統文化の中核をなすものである。(七) その悪いところは取り除く一方、多くの良いところを見つけ、継承することで、新たな文化の基礎としなければならない。この作業の成否は、中国近代文化の発展に関わるだけでなく、東アジア文化圏全体に多大の影響を与えるだろう。十六世紀以来今日までの四百年間、中国文化と西洋文化とは、中国の大地で出会い、衝突し、軋轢を起こし、そして融合するという、紆余曲折に満ちた経過を経てきた。中国伝統文化と西洋文化との歴史的折り合いを検討することで、今日学ぶべき多くの教訓が得られよう。中国文化の近代化は、欧米文化の近代化とも、東アジア文化の近代化とも異なる。近代化を実践していくにあたり、我が国四百年来の「折り合い」の過程を参考にすることで、中国伝統文化の長所と西洋文化の合理的要素とを根本から融合して、文化全体の新たな再生を実現できよう。それこそ、わが中華民族文化が真に復興するための唯一の道である。

【結語注】

（一）石田一良『日本思想史概論』吉川弘文館、一九八九年、古田光、鈴木正編著『近代日本の哲学』北樹出版、一九八三年、宮川透、荒川幾男編『日本近代哲学史』有斐閣、一九七六年、王守華、卞崇道『日本哲学史教程』山東大学出版社、一九八九年。

（二）鈴木正、卞崇道編『日本近代十大哲学家』前文（上海人民出版社、一九八九年）。〔日本語版『日本近代の哲学者』（北樹出版、一九九〇）には、中国語版の序文は割愛されている〕。

（三）福沢諭吉「脱亜論」（『時事新報』一八八五年三月十六日）、石田雄編『福沢諭吉集』近代日本思想大系第二巻（筑摩書房、一九七五年、五一一～一二頁）。

（四）島田虔次『新儒家哲学について――熊十力の哲学』、京都大学人文科学研究所共同研究報告『五四運動の研究』第四函一二（同朋舎出版、一九八七年、一二八、一三二頁）。

（五）溝口雄三「日本人はなぜ中国を研究するのか」付録（『新史学』第一巻第二期）。

（六）筧泰彦、下村寅太郎他『哲学研究大系』四　河出書房新社、一九七七年、六一頁。

（七）張岱年、程宜山『中国文化与文化論争』〔『中国文化と文化論争』〕中国人民出版社、一九九〇年、二三二頁。

訳者あとがき

本書は、一九九三年に台湾の文津出版社から刊行された『中国古代哲学与日本近代文化』の翻訳である。著者の徐水生氏は、武漢大学で哲学を専攻され、現在は武漢大学の哲学系主任教授であり、中華日本哲学会の副会長でもある。本書はもともと徐氏の博士請求論文であり、論文審査にあたった各教授による講評が中国語版原書の巻末に抄録されている。その中で、徐氏の仕事の成果は次の四点を明らかにしたことだと、湖北大学の馮天瑜氏が指摘している。「第一に、日本人が西洋近代哲学を翻訳するときに中国哲学が重要な仲立ちになったこと、第二に、日本の近代的唯物論、弁証法、そして自由民権運動のための枠組みとヒントを中国哲学が与えたこと、第三に、日本の近代哲学が成熟期を迎え、西洋近代哲学を東洋に適応しようとした際、中国哲学がその範型を提供したこと、第四に、中国哲学が日本の近代企業文化や文学思潮、科学方法論の重要な精神的基盤となっていること」。

馮氏のこの要を得た紹介は、本書の特色を端的に示している。つまり、まず、哲学プロパーの研究者が、近代日本文化の形成と中国哲学との関係を全章にわたり問いかけ続けている点である。近代の日中文化関係についての数多い研究は、文化交流や人物交流、あるいは比較文化・文学の視点にたったものがほとんどで、思想関係については政治、社会から芸術、日常生活にいたるまで、人々のさまざまな知的営為を幅広くとらえたものだった。徐氏の取り組んだ、純粋に哲学に焦点を絞った研究はこれまでほぼ皆無だったと言ってよい。とはいうものの、他方、哲学研究の枠組みは堅く守りながらも、徐氏は考察の対象を西周や西田幾多郎など哲学者としておなじみの人物にとどめない。渋沢栄一や湯川秀樹など思いがけない人物の中国哲学との結びつきを指摘する。これが本書の第二の特色といえよう。日本における中国哲学の受容は、これまで日本思想史の文脈で語られることが多かった。そこでは、日本の文脈や情況をふまえて、日本の思想家が中国生まれの哲学をどのように独自に解釈したか、それらを媒介にどのように新たな思想を生み出したかに焦点があてられる。それはあくまで受容する側の意識的、主体的な思想の営為だった。反面、中国哲学がひそかに社会の諸層に浸透していく有様については、江戸後期の陽明学など一部の例外を除き、十分な考察があまりない。

中国思想・哲学の周辺地域社会への浸透というと、当今はやや言及される機会が減ってきているが、中国、韓国、日本などを儒教文化圏と括る議論を多くの人々は想起するかもしれない。上下秩序、忠誠の精神、そして「家」概念、あるいはそこから導き出される祖先崇拝、孝や悌の規範などを、儒教が東アジアの社会に深く浸透したことの例証とするのは、確かに一定の説得力をもつ。ただ意地悪い見方をすれば、儒教という概念はとても幅広く、どのようにも語ることのできるからこそ、同一の文化圏と見なしえたとも言える。儒教文化圏が、少なくとも学術研究の分野では言及されることが少ないのも、それがもつ曖昧さによることが大きい。ただ、中国哲学が韓国や日本の社会にさまざまな形、さまざまなレベルで影響を与えたのは間違いない。しかしそれを具体的な形で検証するには、中国哲学の造詣に加えて、影響を受けた側についての広範、かつ詳しい知識が無ければならない。江戸漢学についての評価など、徐氏の論断に日本の読者が異論を抱く所もいくつかあるかもしれないが、その研究が貴重なゆえんである。徐氏のお仕事の新たな発展を期待するとともに、本書の刊行が機縁となって、日本の社会・文化と中国哲学との関係が、より実証的な研究によって明らかにされることを願っている。

翻訳の分担は、次の通りである。

序文、序章、第一章、第二章、第三章第一節・第二節、結語　佐藤

第三章第三節・第四節・第五節、第四章　阿川

本書は種々の事情から、刊行が大幅に遅れてしまった。日本語版の出版を心待ちにされていた徐水生氏、ならびに本書を紹介し翻訳することを勧めてくださった筑波大学の堀池信夫氏に深くお詫びしなければならない。また当初の編集作業に携わり、訳文や注などに関し多くの助言を与えてくれたのは東方書店の阿部哲氏だった。不幸にして夭折した阿部氏のご冥福を心からお祈りする。最後に本書出版のためにご尽力いただいた東方書店の川崎道雄氏、八尋幸史氏にあつくお礼を申し上げる。

阿川修三、佐藤一樹

著者略歴

徐 水 生（じょ　すいせい）

1954年中国湖北省生。武漢大学哲学系卒業。1992年哲学博士の学位取得。1991年日本同社社大学文学部客員研究員、1998年10月から1999年10月東京大学大学院法学政治学研究科客員研究員。現在、武漢大学哲学学院教授、中華日本哲学会副会長。著書に『中国古代哲学與日本近代文化』（台湾文津出版社）、訳書に『関於新儒家哲学』（島田虔次原著、台湾明文書局）、論文に「西田幾多郎與中国古代哲学」（『日本学刊』1994年3期）、「湯川秀樹與老荘哲学」（『哲学研究』1992年12期）等30余篇がある。

訳者略歴

阿川　修三（あがわ　しゅうぞう）

1954年生まれ。東京教育大学文学部卒業。東京都立大学人文科学研究科中国文学専攻修士課程修了。現在、文教大学文学部中国語中国文学科教授。中国近代思想史専攻。

佐藤　一樹（さとう　かずき）

1952年生まれ。東京教育大学文学部卒業、東京大学大学院人文科学研究科博士課程中退。現在、二松学舎大学国際政治経済学部教授。近代日中比較文化史専攻。

《中國古代哲學與日本近代文化》 徐水生　文津出版社 1993

近代《きんだい》日本《にほん》の知識人《ちしきじん》と中国哲学《ちゅうごくてつがく》

二〇〇八年　一〇月三〇日　初版第一刷発行

著　者●徐水生
訳　者●阿川修三・佐藤一樹
発行者●山田真史
発行所●株式会社東方書店
東京都千代田区神田神保町一―三　〒一〇一―〇〇五一
電話〇三―三二九四―一〇〇一
営業電話〇三―三九三七―〇三〇〇
振替東京〇〇一四〇―四―一〇〇一
装　幀●知覧俊郎事務所
印刷・製本●株式会社平河工業社

定価はカバーに表示してあります

ISBN978-4-497-20803-3　C3010
乱丁・落丁本はお取り替えいたします。
恐れ入りますが直接小社までお送りください。